帝国ホテルの流儀

犬丸一郎
Inumaru Ichiro

a pilot of wisdom

目次

企画協力／谷口和巳
構成／鈴木 工
扉デザイン／アイ・デプト.
目次、第一・三・四・五章扉絵葉書提供／生田 誠
第二・六章扉写真撮影／亀井重郎

チェックイン——百マイナス一はゼロである

ホテルとは一本の鎖です。

ドアマンやベルボーイ、フロント、レストラン、客室係などお客様に接する表舞台の担当、料理人や電話交換台、空調設備の担当者、清掃係など裏方のスタッフがいて、何十というセクションがあって、それぞれが一本の鎖のようにつながっています。

また普通の会社であれば、社員全員が休む日や、社員全員が顔を合わせる集会というものがあります。しかしホテルにはそれがない。八時間の三交替制で、だれかが必ず働いています。一年三百六十五日二十四時間休みなく、時間的にもつながっているのです。

やはりホテルは実に特殊な仕事だと思います。

一般の企業は「わが社はこれだ」という強みを持って、どこか一点が突出していれば評価されます。しかしホテルは満遍なく、ムラなくよいことが求められます。

従業員が親切で好感を持たれたとしても、部屋の居心地が素晴らしくても、レストランのサービスが悪かったり、洗濯物の仕上がりがよくなかったりと、他に何かひとつでもお客様にとって不満足なことがあると、そのお客様は二度とホテルを使ってくださらないかもしれない。一カ所切れた鎖は、もう鎖として評価されません。

つまり百マイナス一は九十九ではなく、ゼロということになってしまうのがホテルのサービスなのです。

こんなたいへんな職場はありません。しかし一方で、お客様に百を提示した時の喜びは、この上ないものがあります。


ホテルで私は五十年間、勤務してきました。

帝国ホテルに入社したのは一九四九（昭和二十四）年。当時、帝国ホテルは進駐軍の宿舎になっていて、ＧＨＱの管理下にありました。そんな状況のもとで清掃係からスタートしたホテルマン人生が、一九九九年顧問で引退するまで、半世紀に及ぶとは考えもしなかったことです。

ホテルマンとして人生の大半を帝国ホテルで働くことができたということは、私にとって何ものにも替えがたい財産となっています。

いちばんの財産は、多くの人に出会えたことでした。

エリザベス女王、ローマ法王、スカルノ大統領、ノルウェー国王、フィンランド大統領、ベルギー国王、白洲次郎さん、藤原義江さん、田中絹代さん、美空ひばりさん、マリリン・モンロー、アラン・ドロン、カトリーヌ・ドヌーブ……。

それは有名人や要人に限りません。多くのお客様、私の上司や部下も、私にとってはどれも大事な出会いです。

皆様の言動や姿勢から、多くのことを学ばせてもらいました。ホテルマンの先輩からはもてなしの奥深さを。帝国ホテルで働く先人たちからは極めることの難しさを。部下たちからは人を育てることの大切さを。留学先であるアメリカの教師からは学ぶことの喜びを。共にホテルを経営した仲間からは営むことの妙味を。白洲次郎さんからは紳士としてふるまうことを。

こうした出会いの、どれかひとつでも足りなかったら、今の私はなかったでしょう。サービス同様、生き方もまた百から一を引いたらゼロになるのかもしれません。

この本では、これまでの人生で私が育んできた思いをまとめました。職業柄、どうしてもホテルに関する話題が多くなりますが、ホテル業やサービス業に関わらない方にも、抵抗なく読んでいただけるように書いたつもりです。

ホテルではお客様がチェックインした時からサービスが始まるわけではありません。電話で予約をいただいたその瞬間から、サービスは始まっています。だから私からすれば、この本を手にした瞬間から、楽しんでいただきたい気持ちでいっぱいです。

この読書があなたに、心地よい宿泊のようなひと時を提供できますように——。

第一章
もてなし

小さな苦情も見逃さない

日本航空国際線内での食事で気になったことがあって、私はこんな手紙を書いたことがあります。

「メインの肉や魚は非常に結構でした。しかし付け合わせの野菜が、いつも同じです。種類も同じ、形も同じ、まったく同じ。たまには変えてみたらどうでしょうか?」

すると本社の担当者が手土産《てみやげ》を持って謝りに来ました。別に私は謝ってもらいたくて連絡したわけではないんです。「コストの問題で変えることができません」でもいいし、「これからは毎日変えます」でもいいから返事がほしかった。それがわかれば、解決の糸口が見えてくるわけですから。

この手紙は苦情ではなく、あくまで指摘のつもりでした。とはいえ昨今は「クレーム」という言葉を聞いて「増長した客の暴走」を思い浮かべる人もいるというほど、一部ではお客様の苦情が過剰になっているようです。

しかし、私は普段クレームをもらう側ですが、考えは逆です。「ありがとう」とか「おいしかったよ」とかお声をいただくことはあっても、「おいしくなかったよ」などと面と向かって文句は言いにくいもの。ホテルに対する小言や苦情はひとつの評価であって、決しておろそかにするべきものではありません。

付け合わせの野菜について感想を綴《つづ》った手紙は一通しか届かなかったとしましょう。これを神経質な人が一人で騒いでいるだけととらえるのか、同じように感じているお客様はもっと他にも存在するととらえるのかで、対処の仕方が大きく変わります。ホテルマンの感性として正しいのは後者です。

有能な経営者は、会社の数字はどんな小さな変化でも見逃さないと聞きます。同様にサービス業はお客様からのどんな小さい声にも耳を澄まさなければなりません。賞賛だったら継続していけばいいし、ひとつの苦情は氷山の一角と受けとめ、それに対してどう改善するかを考えていく。その積み重ねが上質なサービスにつながっていくのです。

人間はどうしたって過ちを犯します。大事なのは、いかに二度同じミスをしないか。注意されて、改善して、褒められる。こうしていれば必ずサービスの質は向上していきます。

帝国ホテルで実践している二十四時間お客様のゴミを保管しておくサービスも、チェックアウトしたお客様からの「部屋の机の上にメモはなかったか?」というお問い合わせの上にできたものです（これを「たまたまそういうこともある」で対処していたら、何も改善されません）。

多種多様な好み、それぞれの価値観がある以上、すべてのお客様を百パーセント満足させるサービスはたいへん難しいものです。しかし、百パーセントに近づける努力はできるのです。

目は口ほどにものを言う

ホテルの歴史に一日《いちじつ》の長があるせいか、アメリカのホテル従業員には、見習いたい点がいくつかあります。そのひとつが〝目配り〟です。

実によくお客様を見ていて、何かほかのことをしていても周囲に対する気配りを欠かしません。話をする時も必ず相手の目を見て会話します。

それに対して、日本人――ホテルマンに限らず一般の方も含めて――は目配りがあまり上手ではありません。

以前、電話に一所懸命で、下を向いたまま顔を上げないビルの受付嬢を見かけたことがありますす。目の前に人が来てもノーアテンション。気がついていても顔を上げる余裕がないのかもしれません。一方、待たされるほうはだんだんと自分の存在を無視されているような気分になり、その間に一瞥《いちべつ》もされなければプライドを傷つけられることだってあります。

顔も見ないでいては、訪問者が何人でどんな人たちなのかわからないばかりか、せっかく時間通りに来た訪問者のイライラした気持ちにまで気をめぐらすことはできません。だれにも経験のあることでしょうが、たとえ一分でも、待たされるほうにとってはとても長い時間に感じられるものです。

こういう場合に意識したいのが「目は口ほどにものを言う」です。

具体的に何をすればいいかというと、ちょっと顔をあげて相手に視線を送る。それだけでいいのです。言葉に出さなくても相手にほんの少しまなざしを向けるだけで、「私はちゃんとあなたのことを気にかけていますよ」と伝えることができます。たったひとつのアイコンタクトが、「今この電話が済んだらすぐに応対しますので、申し訳ありませんが、ちょっとお待ちくださいね」と饒舌《じょうぜつ》に語ってくれるのです。

このちょっとした気づかいがあるだけで訪問者の安心度は大きく変わり、ちょっとくらい待たされたって気にならなくなるから不思議なものです。

外国の元首が日本に来られた時も、似たようなものです。要人と向かい合うと、緊張したまま握手してお辞儀しておしまい、という日本人が非常に多い。しかし私はそれはもったいないと思うので、深々と頭を下げることはしません。デンマークやベルギーの国王がお見えになった時も、歓迎のひと言の後お辞儀をしないで、握手しながら相手の目を見ました。そちらのほうが「よくいらっしゃいました」という気持ちが伝わるからです。

戴冠式や即位の式なら笑顔を見せればいいし、大喪《たいそう》の礼であれば、お悔やみ申し上げますと目で合図する。相手の目を見て、喜び、悲しみを表現するのはそれほど難しいことではありません。

ところでアメリカ人がなぜ目配りが上手なのかというと、その歴史が関係しているように思います。たとえば開拓時代に見知らぬ他者と出会った時、その場で目で敵意のないことを知らせ、お互いの安全を図る必要があったことは十分考えられます。一方、村社会の中でお互いを敵と見なさなかった日本人は以心伝心で生活するため、目配りする必要がなかったのかもしれません。

しかし今は日本の社会も国際的になって言葉が通じなかったり、〝地縁〟や阿吽《あうん》の呼吸が通用しなかったりすることが増えています。相手に視線を合わせる。サービス業に限らず、このちょっとした目配り気配りが、ますます重要視されていく気がするのです。

ランドリーサービス

「洗濯に出したい。できれば帝国ホテルのランドリーに」

こんな映画のセリフがあります。しかもハリウッド映画の中で。実はこれ、俳優のキアヌ・リーブスがアドリブで言ったセリフなのです。

彼が帝国ホテルに滞在した際、ランドリーのサービスに感心したことで、このセリフが誕生しました。それだけ帝国ホテルの洗濯は念入りなのです。

そもそも帝国ホテルは欧化政策を背景として、外国からの賓客をもてなすために設立されたホテルです。大きな旅行カバンを三つも四つも持って、長い船旅の末やって来られた旅行客がいちばん喜んでくれることは何か？　そうして思いついたサービスが、洗濯でした。館内に西洋式のクリーニングをする設備をつくって「洗濯部」を設けたのが一九一〇（明治四十三）年のことです。

それから百年の歴史は、「衣服についた汚れやシミは確実に落とす」という伝統を育みました。

ランドリーサービスはハンカチ一枚、下着一枚からでも承ります。まずはランドリーマンが、運ばれてきた洗濯物の素材の出身地を判別する。絹ひとつとっても、国によって色合いも肌触りも機能性も違うからです。業務用洗濯機で一気に洗うわけではなく、素材に合わせてバイオ洗浄から手洗いまでを駆使し、肌着は水温や時間の調整が細かくできる家庭用洗濯機を利用することもあります。

また半世紀にわたって使用しているのが、約六キロの電気アイロンです。ドレスや民族衣装など、木綿や麻のしわを消し、絹の微妙な光沢をつくりだし、丁寧な仕上げには絶対的な定評がありますが、熟練した職人でないと扱えません。

それこそクリーニングではずれた時のことを想定して、世界中のボタンも取り揃えられています。場合によっては、シャツのボタンをあらかじめ取りはずしてから洗濯し、アイロンがけの後に縫い付け直すこともある。お客様は気がつかないかもしれないような、きめ細かな配慮のうえでのサービスに徹しています。

こうしたサービスを支えた一人が、ランドリー部門にいた「シミ抜き」のプロ、横田幸二さんです。その道、実に三十年。どんなシミでも必ずきれいに落とすと評判で、時には宿泊客以外のお客様からもシミ抜きの依頼があったほどでした。

かつて綿と絹が主流だった衣料品は、戦後になると化学繊維が全盛になります。さらに食品や飲料も多様化し、シミひとつ抜くのも複合的、複雑な技術が要求されるようになりました。それに横田さんが対応できたのは、常に研究に取り組み、研鑽《けんさん》を怠らなかったからです。

ランドリーはお客様に直接姿を見せないという意味で、とくに裏方と言っていい仕事かもしれません。しかしキアヌ・リーブスが映画でセリフにしたように、見ている人は見ています。手を抜かなければ、確実に仕事は評価されるのです。

きめ細かく、さりげなく

「お客様、こちらのハウスステーキは、サーロインとフィレを含んだ最上のパートを使用しておりまして、塩は無添加の岩塩を使っております。この塩の浸透圧が肉の旨みを引き出しましまして……」

食事を持ってくると、あれこれ説明するウエイターがいます。

たとえばフレンチレストランには、日本人には馴染《なじ》みのない料理がいろいろあるため、メニューを見せた時、「こういう料理です」と説明が必要なこともあります。しかし何が何でも説明するのは、いかがなものでしょうか。

きっと、サービスはお客様に与えるものだから、自分の知っている情報を全部教えれば喜ばれると考えているのでしょう。しかし私からするとサービスを勘違いしているとしか思えません。

知りたいことがあれば、お客様は「これ何ですか？」と聞くものだし、中には「そんなことわかってるよ！」という人もいるわけです。お客様から聞かれてもいないのに、従業員が自分から押し付けるのはご法度なんです。

つまりホテルのサービスは何から何までお世話しようとすることがいいわけではなく、その良し悪しは「きめの細かさ」と「さりげなさ」のバランスで決まります。

ある意味、細かいことに気をつかうのは当然のことではありません。重要なのはそれが当たり前になること。これは当たり前ですから、と実行することができれば、それは「さりげなさ」を生むのです。

たとえば紙くず箱。先述の通り、朝、掃除する時に箱の中の〝ゴミ〟は持っていきますが、それをすぐには捨てません。袋に入れて何号の部屋と記入し、各フロアにあるメイドのステーションに二十四時間とっておくのです。

あるいはベッドメイキング。お客様からご希望があった場合に部屋係は、枕の固さや詰めものの素材などご要望にかなうように最善を尽くします。また通常から夏のブランケットは少し短めにするなど、寝苦しさを解消するための気遣いを欠かしません。

もしくはエレベーター。案内係であるスターターは、「満員」を判断するという重要な仕事があります。お客様の肩がふれあわないようにするのがルールですが、それも杓子定《しゃくし》規ではない。仲のよさそうなグループだったら少し窮屈でも誘導しますし、雨の日は服が濡《ぬ》れるのでいつもより間を広げます。そしてその時その時で、エレベーターの扉を閉めるタイミングも違うのです。

そしてルームメイク。もしかして予約されていないお客様が泊まられる可能性もあるので、帝国ホテルは空いている部屋も毎日点検します。そしてすべての照明を点《つ》け、トイレと洗面台の水を流し、ポットの水を入れ替えます。

こうしたサービスもごく一端ですが、初めて聞いた方は、「そんなきめ細かいサービスをしているのか」と驚かれます。しかしそれだけでは、まだ〝いいサービス〟には到達していません。先程ふれた通りチェックアウトしたお客様が「必要な書類を間違えて捨ててしまったのだが……」とお見えになった時、ごく当たり前のこととして用意している。これが理想です。

受け身のように見えて、陰で考えうる最大限の努力をしている。これがいいサービスの本質です。それは自分の知識を声高にアピールするウエイターの対極にあると言っていいでしょう。

おもてなしの精神

ホテルを利用する時、役立つコツを教えましょう。これは帝国ホテルの住人でもあった、オペラ歌手の藤原義江さんから教わったことです。

それは「船だったら一等を予約する。しかしホテルならその国で最高のホテルのいちばん安い部屋を予約する」です。

これはどういうことか。今はわかりませんが当時は一等船室の客は最高のサービスが受けられ、二等、三等の船室にも自由に出入りできました。しかし二等、三等の船客は一等スペース《スペース》には入ることができません。一等のサービスを享受できるのは、一等船室の客だけなのです。

その点において、ホテルはとても平等です。客室の広さや調度設備、客室からの景色の違いによって部屋の料金が異なっても、受けられるサービスに違いはありません。スイートに泊まっていても、シングルに泊まっていても、ホテル内の施設はレストランでもバーでも、どこでも利用できます。人に会うのに部屋が狭いのであれば、ロビーやラウンジを使えばいいのです。

ホテルの宿泊料には十パーセントのサービス料が加算されて、高い部屋だとその分サービス料も高くなります。しかし実際のサービスには、どのお客様に対してもまったく差がないというのがホテルのサービスなのです。

役立つコツはまだあります。それは商用でも観光でも、レザベーションの際、差し支えない範囲で宿泊客室の要望をまず伝えておくことです（帝国ホテルでは予約受付の際に伺うようにしています）。なぜならホテルの接客とサービスは、予約が入った時点から始まっていて、お客様がより快適なホテルライフを過ごすことができるように準備に取りかかるからです。ホテルマン自身、常に快適に過ごしていただくためのヒントを探していますが、お客様からヒントを提示していただければこんなありがたいこともありません。

ローマ法皇と握手する著者。

たとえば帝国ホテルの場合、銀座と日比谷公園の中間に位置しており、部屋によって華やかな銀座、もしくは日比谷公園や皇居の緑と、まったく違った光景が楽しめる。もし予約の際にひと声かけていただければ、お客様が希望する側を用意いたします。

また宿泊当日がお誕生日や結婚記念日だとわかれば、ささやかでもお祝いになるようなことを工夫します。お渡しするのは花であったり、ホテルのグッズであったりといろいろですが、お客様のちょっとした思い出のひとつにでもなればと願ってのことです。

外国からのお客様が宿泊される時も、置かれた環境を想像しながら気を配ります。日本よりも寒い国からいらしたお客様であれば、部屋の温度を少し下げて二十二度に設定したり、暖かい国からいらした場合には二十五度に上げたりすることもある。国賓クラスであれば、事前に大使館と連絡をとって、その国の食べ物や部屋に生ける花の意味にいたるまでリサーチします。たとえば国によってはトゲのある花を歓待の場に生けるのはご法度ということがあるように国によって文化が違い、ただお迎えすればいいというものではないのです。

私たちはこれらをマニュアルに沿ったおざなりのサービスで提供するわけではありませ

ん。ありとあらゆるパターンがあるため、形だけのマニュアルではどうしても対応に限界があるからです。だから最終的には、一人ひとりのホテルマンが「いかに心を配るか」で対処するしかない。経験上、心よりおもてなしをする気持ちは、確実にお客様へと伝わるものです。

なぜここまで気をつかうのかといえば、仕事だからといえばそれまでなのですが、長年ホテルに勤務していた立場からすると、そのひと言では片付けられない気がします。やはりホテルマンにとって、快適な滞在だったとねぎらっていただけることが無上の喜びになるのです。

お客様一人ひとりの喜びは、ホテルにとっての喜びでもある。喜びを共有できてはじめて、満足していただけるサービスが生まれるのです。

究極の身だしなみは清潔感

帝国ホテルのエレベーターにはある工夫がほどこされています。

それはエレベーターが明るいことです。外資系のホテルの中には、おそらく格調や気品を考えてのことなのでしょうが、「どうして暗くする必要があるのか？」と思えるほど、うす暗いところがあります。また天井も一様に低く圧迫感がありますが、帝国ホテルではエレベーター内を明るくして、床から三・二メートルの高さを設けました。

工夫は他にもあります。それはエレベーター内に一輪挿しと、鏡を取り付けたことです。鏡はエレベーター内だけでなく、ホール、表玄関、裏玄関の入り口にも設置しました。

なぜ鏡をつけたのか？　それは私の考える「いいホテル」と関係があります。

職業柄、「どのようなホテルがいいホテルか」と聞かれることがありますが、ひと言で答えるのは非常に難しい。どんなに世間の評判がよくても、ホテルは泊まってみなければわからないからです。

ただし、あえて言うなら清潔感があるかどうかがひとつの目安にはなります。客室の壁紙や絨毯《じゅうたん》などが汚れているようなホテルは、他のサービスも期待できないと思って間違いありません。

清潔感は施設に限らず、従業員の身なりもまた然《しか》りです。お客様をお迎えするホテルである以上、サービスの現場では、従業員が茶髪であったり、ピアスやマニキュア、香水をつけたりすることは許されません。お客様に不愉快な思いをさせてはいけないのですから当然のことです。

制服も無視できません。ホテルの従業員のほとんどは、それぞれの仕事ごとに制服を着用しており、だれでも着ればそれなりにパリッとして見えるものです。しかし逆にきちんと着こなさなければ、相当だらしなく見えてしまいます。コックの白い制服がヨレヨレだったり、シミが付いていたりしては、料理にも疑問符がつくし、コンシェルジュがいかにテキパキ仕事をこなしていても、ほんの少し髪の毛が乱れているだけで、余裕なく映ることもあります。

鏡を置くのは、こうした失敗をしないためです。鏡がところどころにあれば、自ずとチェックできる機会は増えますから。

といっても私はスタッフだけでなく、お客様にも鏡を大いに活用していただきたいと思っています。食事をするにしても人に会うにしても、その前に髪が乱れていないか、ネクタイが曲がっていないか、鏡に目を走らせてさりげなくチェックする。乱れた身なりでは聞いてもらえる話も聞いてもらえないかもしれないし、自分が損するだけでなく、相手が不快になる可能性だってあります。ほんの一分足らずの時間でも、すぐそこに鏡があれば軽く身だしなみを整えられます。ちょっとした心遣いは、自分のこと以上に相手に対する礼儀、大人としての最低限のマナーだと心得ておいていただきたいところです。

究極の身だしなみ。それは清潔感なのです。

第二章 学び

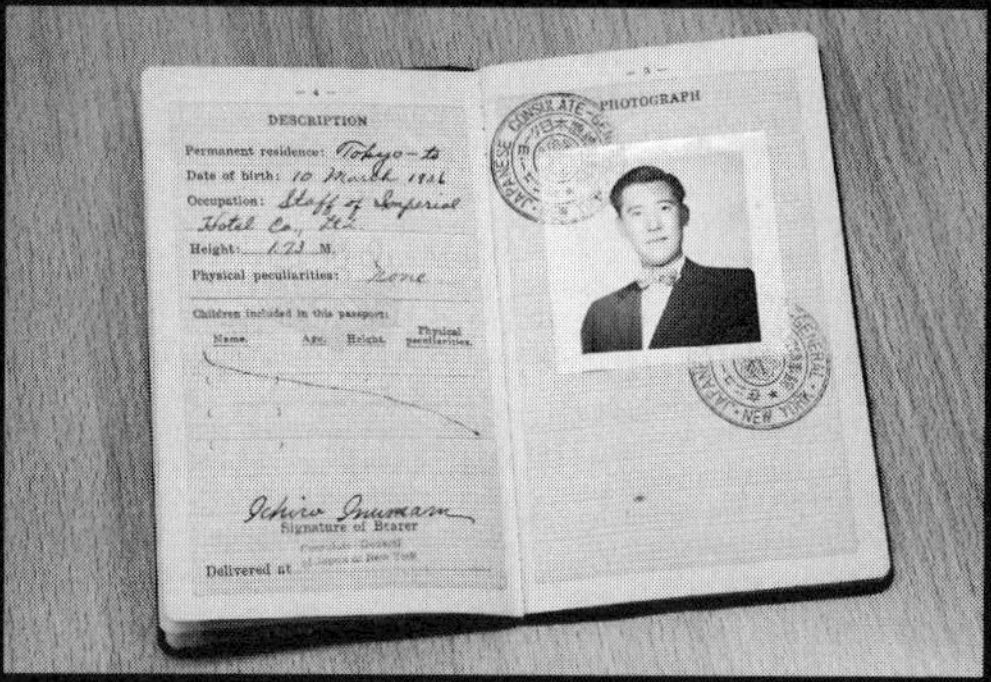
DESCRIPTION
Permanent residence: Tokyo-to
Date of birth:
Occupation: Staff of Imperial Hotel Co.,
Height: M.
Physical peculiarities: None
Children included in this passport:
Name. Age. Height. Physical peculiarities.
Signature of Bearer
Delivered at
PHOTOGRAPH
JAPANESE CONSULATE-GENERAL
NEW YORK

帝国ホテルと幼少時代

帝国ホテルが開業したのは、今から百二十年以上も前、一八九〇（明治二十三）年十一月のことです。

当時、欧米列強の圧力に屈して不平等条約を結んだ日本は、条約改正が悲願になっていました。そのひとつの手段として、時の外相・井上馨《いのうえかおる》は日比谷に鹿鳴館《ろくめいかん》を建設します。ここに外国の賓客を招いては舞踏会を夜な夜な開催し、日本が決して劣った国ではないことをアピールしようとしたわけです。

しかし招いた賓客を満足させるような宿泊施設が東京にはありませんでした。そこで井上外相が渋沢栄一、大倉喜八郎らの財界人に働きかけ、鹿鳴館の隣に建設した世界に誇れるホテルが、帝国ホテルだったのです。

千二百九十五坪の延べ面積は、当時、東洋一の規模。建物は木骨煉瓦《れんが》造りの地上三層で、ドイツ・ネオルネッサンス様式を採用しました。早くからフランス料理を取り入れ、王侯貴族や政府関係者が各国から訪れた帝国ホテルは、西洋への憧憬《しょうけい》と最新文化の学びの結晶として「東洋一の迎賓館」と呼ばれていました。

しかし当初は外国人賓客の訪日が安定しなかったため、経営が順調というわけではなかったといいます。ところが一九〇九年、古美術商のニューヨーク副支配人として活躍していた林愛作氏を支配人に抜擢《ばってき》したことで、流れが変わります。アイデアマンの林支配人は、最先端の調度品を揃え、ホテル内に郵便局や洗濯部を開設し、自家製パンを製造するなど、さまざまな手を打つことで経営危機から脱出。大正期になると外国人客が増加し、いよいよ新館の建設にも着手しました。

その新館が落成したのは、一九二三（大正十二）年九月一日。奇《く》しくも関東大震災が首都を襲った日であり、その時、帝国ホテルの新支配人を務めていたのが、私の父・犬丸徹三でした。

私が生まれたのはその三年後、一九二六年三月十日のことです。生家は麴町《こうじまち》ですが、物心ついた時には平河町、今の永田町一丁目に住んでいました。木造二階建ての洋館は国会議事堂のすぐそばにあり、玄関を出ると路面電車が走っていたことを覚えています。

父が欧米でホテルマン修業生活をしていた時期が長かったため、犬丸家の生活は洋式がスタンダードでした。子供たちはベッドで眠り、食事は椅子、テーブルでトーストと卵、牛乳の朝食を摂《と》り、父は毎朝家まで迎えに来る米国製の車に乗って出勤していたのです。私はカトリック系女学校、雙葉《ふたば》女子尋常小学校の付属幼稚園に通った後、慶應幼稚舎に入学しました。子供のころ、ホテルとは接点は少なかったのですが、一九三七（昭和十二）年、父が設立に関わった新潟の赤倉観光ホテルに父と弟とでスキーに出かけたのは忘れられない思い出です。

慶應の普通部に上がると、剣道に打ち込みました。選択科目で剣道を選んだら、みんなの前で教師にいいようにあしらわれたのが悔しくて、強くなってやろうと思ったのです。当時は田園調布に引っ越していて、出稽古に隣駅の奥沢にある東急の道場に通い三島由紀夫氏などと稽古しました。

勉強、スポーツにも励みましたが、同級生仲間で一枚十銭の富くじをつくって下級生に売り、胴元を気取っていたら学校から譴責《けんせき》処分を受けたこともありました。今でいうやんちゃな少年だったかもしれません。

しかし学年が上がるにつれ、戦争の気配が色濃くなっていきました。やがて外国語教育に力を入れていた学校から外国人教師が去って、軍事教練するために配属将校が姿を現すようになります。そして大学に進学した一九四三年になると、日本は戦争一色に染まっていました。

帝国ホテルに就職

戦争が終わって三年半が経った一九四九年、私は帝国ホテルに就職しました。大学生だった私は「卒業したらどうするんだ?」と父から聞かれ、「何も決めてない」と答えた結果、「じゃあ帝国ホテルに就職しろ」という運びになったのです。

実は、帝国ホテルの仕事をするのは、これが初めてではありませんでした。終戦の年、九月から一度働いていたのです。

戦中の徴兵検査で甲種合格した私は、結果的に徴兵されないまま終戦を迎えました。当時、慶應大学経済学部の予科に在籍していましたが、日吉《ひよし》の校舎は進駐軍に接収され学校は閉鎖状態。そのころ、進駐軍に接収された帝国ホテルは連合国軍要人将官の宿舎となり、人手が足りなかったため、暇を持て余していた私に「手伝え」と声がかかったのです。

しかし、困ったことに回ってきたのは経理の仕事でした。私は数学が苦手で、ソロバンすら手にしたことがない。そのことは父親も知っていたはずなのですが……。今考えると実におおらかな時代です。

その後、私はろくに大学にも行かず、ハワイアン音楽のバンド活動に夢中になりますが、才能に見切りをつけてホテルの仕事に励むようになりました。といっても帝国ホテルではなく、進駐軍が接収していた志賀高原ホテルと富士ビューホテルです。米軍将校支配人の秘書として誘われ、志賀高原ホテルでは時にはスキーをやったり夜はギターを弾いたり、富士ビューホテルでもボートを漕《こ》いだりテニスの相手をしたりする多忙かつ優雅な日々でした。楽しんだ記憶しかありません。

そして一九四八年、東京に戻って大学に顔を出したところ、それまでの不勉強がたたって、講義に出席しても何をやっているかよくわからない。父に声をかけられたのはそんなタイミングでした。それで学校を卒業しないまま、私は帝国ホテルに就職したのです。

そこから私の本格的なホテルマン修業が始まりました。

まず最初にしたのは、清掃の仕事です。かつて帝国ホテルは、新入社員は清掃係から始まりました。それはホテルの内外を知ることが目的で当然ながら私も例外ではなく、二カ月間はハウス係として、ガラスを拭いたり、絨毯に掃除機をかけたり、トイレ掃除、建物の外まわりの清掃などに打ち込みました。

そして客室ボーイを三カ月体験した後、調理場へと回されます。そこではまず肉屋を担当し、半分に切って吊るされた牛肉をおろしました。肉をおいしく出す仕事ですから、肉の熟成についても教わります。肉について詳しくなったのは、この業務を体験したおかげです。さらにスープ係、朝食係、昼食係、パン屋を担当し、厨房《ちゅうぼう》の業務について全体的に把握していきました。

当時の私は、自分の仕事に対する理想もビジョンもなく、言われたことをこなすのに精一杯の、ただの若者でした。でもそれがかえってよかったのかもしれません。変なプライドや雑念がないので、水が染みこむように、ホテルの仕事を体で覚えることができたのだと思います。

戦後の海外留学第一号

「サンフランシスコの市立大学にホテル・レストラン科というのがあるから、そこで勉強してこい」

父からそう命じられたのは、調理場の仕事に慣れたころでした。

父には、戦前、国際ホテル協会の縁で知り合ったサンフランシスコにあるマーク・ホプキンス・ホテルのオーナー、ジョージ・スミス夫妻という友人がいました。どうもお互いの息子を交換して、ホテル留学させる計画を戦前から練っていたようです。

詳しい話を聞けば大学に通いながら、現地のホテルでも働く計画だという。これは面白いじゃないか、と私は父のプランを受け入れることにしました。

しかし、終戦直後の当時は海外旅行はおろか、留学など考えられない時代です。渡航に際してはたいへんな手続きが必要でした。今からは考えられないことですが、講和条約が結ばれる前だったので、日本人はパスポートを持つことすらできなかったのです。渡航先にアメリカ人の身元引受人がいて、GHQに各種書類を提出し許可を得て、はじめて身分証が発行されました。

またアメリカには日本の領事館も大使館もなければ、円とドルの交換レートもありません。何より敗戦国の円なんて、海外ではまったく通用しませんでした。

結局、帝国ホテルに宿泊していた進駐軍のウイロビー少将の力などを借りつつ、連合国軍発行の身分証明書でアメリカへの道がなんとか開けます。そして帝国ホテルの調理場からバーに移動してアメリカ流のカクテルを学び、ホテルマンの基本をひと通り身につけると、一九五〇年五月、横浜港から一人アメリカへと旅立ちました。

船旅は見るものすべて新鮮で興奮したものです。ホノルル経由で念願のサンフランシスコに到着したのは、二週間後のことでした。

しかしそこで「これがアメリカか！」と感嘆し、観光に繰り出す時間はありませんでした。なぜなら大学の新学期が始まる九月まで、スミス夫妻が経営するマーク・ホプキンス・ホテルで働くからです。

ホテルで最初に与えられたのは、レストランのウエイターやウエイトレスの助手であるバスボーイの仕事でした。そこで驚いたのは、レストランで席を案内するのはレストランのマネージャー、テーブルの清掃、セッティング、水、コーヒーなどをつぐのはバスボーイ、注文をとり料理を運ぶのはウエイター、ウエイトレスと、役割によって仕事の中身がはっきり分かれていることです。

仕事の役割分担が明確でわかりやすいのはいいのですが、混みあってくるとレストラン全体の動きをよく見ていないと、コーヒーを出すのも後先になってしまいます。あの客よりも先に来ているのに水も持ってこない、ということにもなりかねませんが、このレストランでは、スタッフ各自が自分の仕事のタイミングを見逃さない、みごとなチームワークができあがっていました。

「これは日本とレベルが違うぞ……」

気がつけば、私の掌《てのひら》は汗で濡れていました。

レストランの次に担当したのは、十七階にあるバーでのバーボーイ——つまりバーテンダーのアシスタントです。そこでもまた私は驚かされました。カクテルの種類の多さ、そしてカクテルグラスの大きさが帝国ホテルの倍くらいあったのです。

海外のホテルでは、日本とは違う文化の差をことごとく痛感しました。

アメリカで学ぶ

こうして九月を迎えると、昼間はサンフランシスコ市立大学のホテル・レストラン科に通い始め、夜はそのままマーク・ホプキンス・ホテルで働くというダブル生活が始まります。学校から帰るとすぐにホテルでの仕事が待っていました。

学びながら働くという生活で何がいちばんたいへんだったかというと、それは毎日のように出される講義レポートの宿題です。

会話に関しては、志賀高原ホテルと富士ビューホテルで米軍将校支配人の秘書をしていた経験もあったので、日常生活には不自由しませんでした。また、フランス料理の評判が高い帝国ホテルの調理場でも、進駐軍管理の時代はメニューは全部、フランス語ではなく英語でした。つまり肉やいろいろな野菜類など食材も調理器具もすべて英語で呼んでいたので、レストラン科の実習でもそんなに苦労はしなかったのです。

ところがレポートを英文でまとめるとなると、そうはいきません。会話と違って文法はごまかしが利かないし、語彙《ごい》の豊富さも求められます。何よりもネイティブ並みの的確な表現、言い回しにたどりつくのには時間がかかりました。結果、レポートがまとまるのは、いつも夜中でした。

そうやって毎日机に向かってうなる日々でしたが、学校は非常に充実していました。

ホテル・レストラン科の朝は早く、調理場での実習が午前七時から始まります。一クラス三十人くらいがいくつかのグループに分かれて、オードブル、スープ、メインディッシュ、サラダ、デザートと教わる。それぞれのグループに、一流ホテルをリタイアした本職の料理人が先生として付き、できあがった料理は、校内にあるカフェテリアや教員食堂のその日の昼食メニューになりました。そして食堂では学生が実際に接客サービスもするのです。何から何まで実地で学ぶという合理的なところがいかにもアメリカ的でした。

午後からは、主にホテルの実務面の講義です。教わるのは「フロントで宿泊カードに名前や年齢、住所、宿泊日数を記入するのは、たんに名簿を残すということではなく、ホテルとの間で契約を結ぶという重要な意味がある」というような基本的な原則から、チェックインからチェックアウトまでの具体的な流れや物品管理や棚卸しに至るまで、ホテルの仕事について逐一学びました。

慶應大学に通っていたころ、バンド活動や麻雀でほとんど講義に顔を出さなかった私は、「これが大学で勉強するということか」と感銘を受けたものです。

そうしてサンフランシスコで一年半を過ごしたころ（ようやく学校とホテルのダブル生活にひと区切りつけられると思っていたころ）父から連絡が届きました。いわく、

「ニューヨーク州のコーネル大学に行きなさい。もう入学申請をしたから」

なんとも唐突な話です。しかしすでに入学金は払われており、間もなく旅費まで送られてきました。どうやら二年目はコーネル大学に通わせるとはじめから決めていたようです。

そしてニューヨークへそろそろ発《た》とうかというころ、予想しなかった大きな出来事が起きます。対日講和条約の会議の日本全権団がマーク・ホプキンス・ホテルに泊まることになったのです。日本語が唯一喋《しゃべ》れた私は右へ左へと駆け回りました。そのおかげで総額二百ドルという当時は大金のアルバイト料を稼ぎだしたため、私は普通席からコンパートメントに変えニューヨークまで向かったのです。

コーネル大学のホテル経営学部は、ホテルスクールとして非常に有名でした。世界最高のホテルマン養成コースであるばかりでなく、世界中の著名なホテルの経営者や支配人の子弟が集まってくるからです。

大学では、会計学の基礎から実務まで、ホテルの建築学や機械設備であれば設計図の見方も学びます。講義はとても丁寧で、よくできたシステムにも感心しました。というのも難解な講義の後には、教授の助手が不明な点をその日のうちに指導してくれるので、予習や復習をする必要がほとんどないのです。ときたま授業中に十五分くらいのクイズという抜き打ち試験があるのですが、後はもう試験らしい試験もありません。

さらにホテルスクールの中には、調理場はもちろんのこと、レストランからホテルまであり、ホテルスクールの上級生や卒業生が接客サービスに励んでいました。コーネルを訪ねてくる父兄も他の大学の教授も、手ごろな料金で利用できます。当時、このようにホテルマンの教育養成からレストラン、ホテル営業のビジネスに至るまで一貫して運営している大学はコーネルくらいでした。

また月に一度、ホテルやレストランの経営者やシェフの講演があり、ホテルスクールの学生全員が聴講します。実体験に基づく、これぞ実学です。後日、「講演の内容と感想を記せ」というテストが出題されることがあるため、学生たちはしっかり耳を傾けていました。ずっと後になって、私がOBとして同じ演壇に立つとは思いもよらないことでしたが……。

ヨーロッパへ

コーネル大学の留学は一年と決まっていたので、一九五二年五月、私は就職先を探すため、自分でニューヨークのホテルを泊まり歩きました。その時、「ここだ」と思ったのが、ウォルドルフ・アストリア・ホテル。ここは歴代の大統領をはじめ、世界中のＶＩＰがニューヨークに来れば泊まる米国屈指の高級ホテルです。直談判の結果、働くことが決まり、私はフロントオフィスで働くことになりました。

ウォルドルフ・アストリア・ホテルで働いていると、こんなことがありました。講和条約発効後、最初の駐米大使に就任された新木《あらき》栄吉《えいきち》氏のニューヨーク訪問が決まり、ワシントンの日本大使館から「お願いだから部屋を用意してもらえないか」と電話が来たのです。予算が限られているので考慮してほしいとのこと。石川県出身の大使と同郷の父の入れ知恵があったのかもしれません。マネージャーに相談すると、快く部屋を確保してくれただけでなく、正面玄関のパーク・アベニュー・サイドに「日本の国旗を掲げましょう」と提案までしてくれたのです。戦後、ニューヨークの空に日の丸がはためいたのは、これが最初でしょう。私は誇らしい気持ちで、日の丸を見上げました。

　初めて学生の身分から離れて、仕事一本に集中したウォルドルフ・アストリア・ホテルですが、やがてそこも辞する時が訪れます。ギリシャのアテネで国際ホテル協会の総会が開催され、私が父の代理で出席することになったからです。

　私はニューヨークにはもっと長くいたかった。父の敷いたレールを歩んできた私に、ウォルドルフは自らの意志で就職したホテルというこだわりもありました。しかし私の気持ちを見越したのか、父は「帰国前に欧州を回って来い。客船は一等で大西洋航路の一等船客への食事、サービスをよく見てこい」と十分な旅費まで送ってきたのです。こう外堀を埋められたら、重い腰を上げるしかありません。

当時は大西洋を飛べる飛行機はなくすべて船。腹を決めた私は一九五二年十月、フランスまで船で向かい、そこから飛行機でアテネへ飛びました。目的である国際ホテル協会の総会には無事参加しましたが、顔を出した程度で、はたして役に立ったのかどうか、今でもわかりません。ともかくこれで父の代理役は済ませたので、後は欧州を回るのみです。

まずはローマへと向かいました。ここで泊まったのが、私のお気に入りのひとつとなるスペイン広場の上にあるホテル・ハスラーです。ハスラーは、映画『ローマの休日』でオードリー・ヘプバーンがジェラートを食べた階段を上がったところにあります。スペイン広場の写真を見ると、階段の上の左に教会があって、右側に写っているのがハスラーです。

ローマでは、帝国ホテルのすぐ隣の接収されたアーニー・パイル劇場（東京宝塚劇場）で支配人秘書を務めていた岩本梶子さんと再会しました。彼女は後に、東京の飯倉片町に「キャンティ」というイタリアンレストランを開き、「六本木の女王」と呼ばれるのですが、ローマではエミリオ・グレコに師事して彫刻を学んでいました。彼女と、僧院暮らしをしながら壁画を描いていた長谷川路可《ろか》さんと食事をしていたら、日本人が相当珍しかったらしく、人だかりができたことを覚えています。

イタリアではベニスにも足をのばし、ダニエリというホテルに投宿。そこから汽車でスイスのジュネーブへ足をのばし、レマン湖のほとりにあるホテル・リッシモンに泊まりました。ホテルの視察はもちろん欠かしませんでしたが、見聞を広めるという理由でナイトクラブを覗《のぞ》いたり、カジノに出入りしたりするのが何よりの楽しみだったことは否定できません。

その後、スイスのローザンヌではボーリヴァージュ・パレス、チューリッヒではドルダーグランドに泊まり、ベルギーを経由して、ロンドンに到着します。

英国は戦後の不況が続いていて、街にどこか暗い雰囲気がただよっていました。投宿したサボイ・ホテルでも朝食に卵が出てこないばかりか、スコッチウイスキーもないという。輸出に回したため、国内に流通していなかったのです。おまけにロンドンは何十年ぶりかの濃霧が立ち込め、帰国するために乗る予定だった日本郵船の秋田丸の出航が遅れに遅れました。

ちなみにニューヨークからフランスまでの大西洋航路の一等船室船賃が六日間で六百五十ドルだったのに比べ、船室付きの貨物船だった秋田丸は神戸まで約六週間で六百ドル。

あまりにも違う安さに驚いたものです。

それでもやがて霧は晴れ、ロンドンに到着した日から数えて二十六日目、十二月十四日に出航しました。四十日に及ぶ長い船旅の始まりです。乗船客は私を含めてたったの二人。途中マルセイユからもう一人、日本人が乗ることになっていました。

穏やかな地中海を渡り、スエズ運河を通過して紅海へ。インド洋で年を越し、大晦日《おおみそか》にはみんなで蕎麦を食べて新年を祝いました。マレーシアのペナン島に寄港した後はシンガポールに寄って、ラッフルズ・ホテルで著名なカクテル「シンガポール・スリング」も堪能しました。なぜ寄港地が多かったかというと、貨物船で荷物の積み下ろしがあったからです。ただ残念なことにマニラ、香港は治安上の理由から上陸許可がおりませんでした。

神戸に着いたのは一九五三年一月二十五日。約二年九カ月ぶりの日本でした。

帝国ホテルの接収は、私が留学中に解除されていました。その自由営業化された帝国ホテルで、私は欧米で培った経験をもとに働くことになります。

第三章 極み

チップとユニオン

日本ではレストランのウエイターに煙草を頼むと買ってきてくれます。しかし欧米ではそうはいきません。「売店はあそこ」と指で示されるか、かりに買ってきてくれたとしても、チップを渡す必要があります。

多くの日本人が苦手とするチップ制です。

戦前は日本でもホテルでチップを渡すのが普通でしたし、旅館で仲居さんに心付けを渡す習慣もあります。なのにチップに不慣れで、正しい渡し方もよく知られていません。チップは枕の下に置いておくという説がまことしやかに語られますが、実際は違います。部屋では到着した日に「一週間よろしく」など一筆書いて、部屋係のいちばん目につく電話のところにチップを置いておきます。そして帰る時も「ありがとう」と書いて、また同じところに置く。毎日チップを置く必要はありません。

コンシェルジュにしても、手紙を出してもらったり、どこのレストランがいいか聞いて予約を取ってもらったりしても、そのたびにチップは渡さなくていいのです。最後に帰る時「ありがとう。快適な滞在でした」と言ってそっとお礼をする。これがチップの流儀です。

たとえばニューヨークのウォルドルフ・アストリア・ホテルでの出来事。朝のダイニングルームは朝食を摂る客でごった返しますが、あらかじめマネージャーにチップを渡しておくと、混んでいて列に並んでいる私たち夫婦を見つけ出して、「お待ちしておりました。お友だちがあちらでお待ちです」など周囲の客に方便を使いながら、席に案内してくれます。

チップはホテルで快適に過ごすための投資なのです。サービスが不満で二度と泊まらないなら渡さなくてもいいし、気に入って末永く利用したいなら置いていく。難しく考える必要はありません。

そんなチップ制は、お客様のいないところにも影響を与えています。たとえば欧米のホテルでは、どんなに忙しいからといって、すぐに増員ということにはなりません。スタッフが増えれば、それだけ手にするチップの額が減ってしまうからです。

アメリカのあるホテルで、ディナーショーとダンスのマネージャーが脱税容疑で捕まったことがありますが、申告しなかったチップの総額は、ホテル総支配人の給料よりも高かったと言われるほど、チップは「ちりも積もれば山となる」貴重な収入源なのです。

ですから増員するにはユニオン、つまり組合の許可が必要になります。欧米、とりわけアメリカは、ウエイターのユニオン、コックのユニオン、ベルボーイのユニオンと、ホテルのどの仕事にもユニオンがあるのです。

ユニオンは組合員を手厚く守ってくれます。その結果どうなるかというと、与えられた仕事しかやらず、他のことはやらなくなるのです。冒頭にあげたように煙草を買ってきてくれないこともあります。アメリカのホテルマンは、ユニオンのおかげで勤務時間も守られているのです。

とはいえ、ユニオンの存在が勤務状況にマイナスに働くケースは少ないのではないでしょうか。そして増員もなく人も少ないかわり、働く密度はとても濃いのです。

先述したように、私が初めてアメリカのホテルで働いた時、最初にレストランのウエイターやウエイトレスの助手をするバスボーイの仕事を与えられました。やはりそこも役割によって仕事の中身がはっきり分かれている世界でした。

朝食時、レストランにお客様が入ってくると、まずマネージャーが席に案内する。水を出し、コーヒーや紅茶を注ぐのはバスボーイの役割で、パンやバターもテーブルに用意しテーブルの片付け、セットも行う。注文をとり、料理を運んだりするのはウエイター、ウエイトレスの仕事になります。メニューに精通することも、柔軟な接客サービスも豊富な経験を要するからです。当時も今も、日本のホテルではここまで役割が分担されてはいません。

ニューヨークのウォルドルフ・アストリア・ホテルでは、いつ訪れても「こういうふうにしなくちゃいけないんだな」と思うことが随分ありました。お客様に接する態度ひとつとってもきめ細かいし、お客様のことを実によく覚えている。

後年、家内と滞在した際、ダイニングルームで朝食を摂ろうとしたら、いつものマネージャーが「奥様はグレープフルーツがお好きなようですが、今朝はちょうどいいメロンがはいっていますが如何ですか」とアドバイスをしてくれました。「それではいただきましょう」とオーダーし、運ばれてきたメロンに家内がスプーンを入れた時、どこにいたのかマネージャーが飛んできた。

「申し訳ありません。このメロンはまだ若いようでした」

日本のホテルでは、これほどの気配りと目配りができるスタッフにはなかなかお目にかかれません。日本の場合は、人的サービスというものを、どちらかというと数で補う傾向があるからです。一方、アメリカでは少ない人数で、与えられた仕事を見事にこなしている。

少ない資源で最高のポテンシャルを発揮する。これこそプロフェッショナルであり、まだまだ欧米に学ぶことは多いのかもしれません。

あいまいな返事はいらない

アメリカ西海岸のホテルに勤めて痛感したことがあります。それは「イエス」と「ノー」をはっきりさせなければならないことでした。

しかも、その時その場で早く返事をしなければいけません。「検討して後日連絡いたします」では仕事が前に進まないのです。日本語のあいまいな言葉づかいは海外で役に立たないぞ、と思い知らされました。

典型的な例が、「～したいと思います」という言葉。レストランで「今からメニューをお持ちしたいと思います」とウエイターに言われたら、客からすると、持ってくるのか、持ってこないのか、いったいどっちなんだということです。返事は「今からメニューを持ってまいります」でいいのです。また、失礼があった場合は「お詫びしたいと思います」ではなく「お詫びします」と言うべきです。

こうした表現のしなやかさ、奥ゆかしさは日本人らしいところではあります（私も本書の中で使っています）。しかし欧米人とのやりとり、とくに一期一会の接客サービスの現場においては通用しません。

ホテルでは、お客様からいろいろなことを言われます。しかしできることとできないことがあり、できない時、あいまいに受け答えするのは決して褒められることではありません。そうした場合は、「こういう理由でできないのです」ときちんと言わないといけない。それでも強要されるようであれば、お客様になんらかの問題があるということです。

一方で、ホテルマンはお客様から言われないことをやる必要はありません。わからないからといって「何がお好みですか？」とあえて聞くことはないし、結果を急いで「いかがでしたでしょうか？」などと聞くことは、サービスの押しつけにほかならない。「〜してさしあげたい」も余計な言葉です。お客様が変に気をつかって、気に入らなければ困るだけですから。

ではホテルマンは指示を待って受け身の態勢でいればいいかといえば、これも違います。ある時、私は調理の担当から「新しくメニューに出す料理をいくつか持ってくるので、どれがいいか決めてください」と言われたことがありました。答えはこうです。「どうしましょうか？　じゃない。あなたが自信を持ってつくった料理を、メニューにすればいいんだよ」。

「どうしましょうか」という前に、まず「こういう企画をやりたい」という提案があってはじめて、「じゃあやってみろ」となる。「何かいいアイデアがあったら、どんどんやりなさい」というのが私のモットーでした。とくにホテルという空間においては、その時その場のお客様への接客サービスには、臨機応変な判断と迅速な応対が問われます。「どうしましょうか？」と人にゆだねる猶予はありません。

定められた通りのサービスを淡々とする。やりたいことを持つ。でもそれをじっと我慢する。聞きたいことをあえて聞かない。ホテルマンにはこのような行動が求められます。基本にあるのは、相手に対する慎みです。その心を持ちながら仕事を粛々とこなしていれば、そこにあいまいな返事をしたり、指示を待つような心の油断が芽生えることはないでしょう。

ハワイアン音楽

若いころ、私はハワイアン音楽のとりこでした。

慶應普通部に通っていた時、一学年上にいたのが、戦後ハワイアンやジャズ歌手として活躍された大橋節夫さんと笈田敏夫さんです。学校に持ってきたウクレレを弾いている大橋さんが非常に格好よく、自宅にまでおしかけて習ったりしていました。

当時、日米交換船でアメリカから帰国した母の妹家族が、一時期わが家に同居していました。その時持ち帰った荷物の中にジャズやミュージカルなど、当時アメリカで流行《はや》っていたレコードがどっさり入っていた。それらを毎日のように聴き、私はすっかりアメリカ音楽に魅了されたのです。

終戦直後に帝国ホテルでホテルマンとして働いていると、J・M・モーリス中尉がマネージャーとしてホテルに赴任して来ました。父に紹介された時、彼は思いがけないことを言ったのです。「このホテルにはディナーミュージックがないのか？」。だれか音楽ができる人間を探してくれないかと頼まれた私は、一も二もなく承諾しました。

真っ先に思い出したのが師匠の村上一徳さん、通称イットクさんでした。戦前「カルア・カマアイナス」という伝説的なハワイアンバンドで活躍しており、スティールギターの名手です。進駐軍向けのバンドをやりませんかという私の誘いに、イットクさんはすぐさま応じてくれて「カルア・カマアイナス」の中心メンバーたちを集めて新しいバンドを結成したのです。

メンバーは、スティールギターの村上一徳さんをはじめ、益田貞信（ピアノ）、朝吹英一（ヴィブラフォーン）、芝小路豊和（ギター・ヴォーカル）、原田敬策（ウクレレ）、三輪雄次

ハワイアンバンド、サーフライダース。

郎（ベース）、朝比奈愛三（マネージャー。雪村いづみさんの父）、それに私（ギター・ウクレレ）。後に戦地から引き揚げてきた浜口庫之助（ギター・ヴォーカル）と青山学院の学生だった平岡精二（ヴィブラフォーン）も加わりました。実業家の子弟や旧華族が中心のメンバー構成でした。

はじめは帝国ホテルのダイニングルームだけで演奏していたのですが、そのうちいろいろなところからお呼びがかかるようになって、マネージャーでもあった朝比奈さんが「サーフライダース」と命名します。そして接収されて進駐軍の施設や宿舎になっていた丸ノ内ホテルや東京會舘、ＹＭＣＡ、渋谷の松濤《しょうとう》にある鍋島ハウスなどに出掛けて行って演奏するようになったのです。終戦の年の十二月には、横浜にあったアイケルバーガー第八軍司令官の邸宅で開かれたクリスマスパーティーにも呼ばれました。

従軍記者クラブ（現在の富士ビル）には、後にライシャワー駐日大使と結婚した松方《まつかた》ハルさんなど海外メディアの記者たちがいて、そこは終戦直後の日本とは思えないほどおしゃれで華やかでした。戦前の帝国ホテルを知っている記者も多く、「ミスター・イヌマルの息子は君か」と話しかけられることもありました。

このままプロのミュージシャンになれたら、どんなに素晴らしいだろう……。私は何度も夢想しました。しかし、メンバーはその後ほとんどが音楽の世界でプロとして活躍する腕利きばかりです。彼らに囲まれていると、自分の実力不足を実感せざるをえませんでした。

できることとやりたいことが一致していればもっとも幸福ですが、私の場合、やりたいことに実力が伴わなかった。それならば、自分にできることを極めよう――。人間には持って生まれた〝分〟があります。未練はありましたが、ホテルというサービス業を追究する覚悟が、バンドを辞めたことで定まったかもしれません。

それから音楽は趣味になりました。今は歌のないイージーリスニングで昔の懐かしい曲を流し、もっぱら聴くほうの専門です。

一本の棒を置く

ひとつのことを極めるのは、実に素晴らしいことです。それが自分の人生を捧げた仕事であれば、これほど誇らしいこともない。

しかし短期間で手軽に、仕事を極めることはできません。たいていの場合、仕事は毎日のように携わるものですから、自分のやっていることが単調で退屈に感じる時もあるでしょう。それに屈した者は職を変え、仕事を極めるチャンスを失います。逆にそこでこらえて継続し、自分なりの奥義を見つけた者は、プロフェッショナルとして尊敬されるのです。

帝国ホテルには、「達人」と呼べる、プロフェッショナルの方々が働いていました。

私が帝国ホテルで修業を始めたころ、厳格な料理長として有名だったのが、八代目料理長の石渡文治郎さんです。帝国ホテルのフランス料理の基礎をつくった方と言っても過言ではありません。

石渡さんは、食通だった初代社長の大倉喜七郎氏が自腹を切って社員を一九二八（昭和三）年欧州に研修留学させた、その一期生でした。そして修業に向かったパリのホテル・リッツで、近代フランス料理の手ほどきを受けたのです。

十一代目料理長の村上信夫さんは、「石渡さんがヨーロッパから書き送ってきた報告文には一流の料理人の目が光り、今も古びない鋭い観察が息づいている」と讃えています。

たとえばパリで流行していたヌーベル・キュイジーヌ（新しい料理）について「各国の料理の長所だけを取り入れて、フランス料理の基礎は崩れていない」と指摘したり、「日仏では料理の素材は大きく違っても、ソース次第でおいしく食べられる」と記したり、その慧眼は際立っていました。

石渡さんは研究熱心で、一日中調理場にこもってメニューの研究をすることもありました。パリで修業した後はイタリアに渡り、缶詰めやソーセージのつくり方、トリュフやフォアグラの研究にも打ち込みます。フォン・ド・ボーの技術や欧風カレーを持ち帰ったのは石渡さんでした。

石渡さんは戦時中、焼け出されてわが家に間借りしていた時期があります。イタリアで野菜栽培も研究していたので、近所の土地を畑にして野菜を育てていました。たまに魚が手に入ると腕をふるってブイヤベースをつくってくれたものです。まだ学生だった私はありがたくいただいていましたが、今考えると、仕事場から離れても手を抜かない職人の鑑でした。

九代目料理長・常原久弥さんは、スープ専門の親方・三橋長吉さんとのコンビネーションが強く印象に残っています。スープができあがるころ、常原さんがふらりと現れて、試食すると立ち去っていく。常原さんも三橋さんも、その間は終始無言です。おそらく二人の間には長い年月をかけて完成した呼吸があって、意思を伝え合うのにもはや言葉が要らなかったのでしょう。

バーテンダーの達人といえば、一九三四年から約四十年間、バーカウンターに立ち続けた日山理策さんです。

石渡さんは「厳しい」料理長でしたが、日山さんも彼のお墨付きなしにシェーカーを振ることはできない「厳しい」バーテンダーでした。修業中、口酸っぱく説かれたのは、姿勢の大事さについてです。いわく、「カウンターには手をつくな」「お客様に見えるようにカクテルをつくれ」と、非常に厳格だった。

日山さんはもともと無口なうえ、モゴモゴした聞きとりづらい口調で言うので、何を言っているのかわからないことがありました。「もう一度言ってもらえませんか」とは口が裂けても言えないので、神妙な顔をして頷《うなず》いていたものです。

晩年、築地《つきじ》の料亭「新喜楽《しんきらく》」に招聘《しょうへい》されても、厳しいバーテンダーとして芸者衆から一目置かれたというのだから、スタイルが徹底しています。そして晩年になってもその技術が求められるぐらい、彼のつくるカクテルは超一流だったということです。

また一九八四年までレストラン「プルニエ」に四十四年間勤めた女性キャプテン・林喜美さんも忘れられません。白洲次郎さん、細川護立《もりたつ》さん（細川家十六代当主で、細川護熙《もりひろ》元首相の祖父）、橋本龍伍《りょうご》代議士（橋本龍太郎元首相の父）たちは、彼女のサービスを気に入られたのか度々「プルニエ」に足を運んで下さいました。

なにせ、林さんは常連客に関しては、お気に入りの席から前回注文されたメニューまですべて覚えていたのです。たんに注文を伺うだけでなく、その日に仕入れた魚の料理法を厨房から直接聞いてお客様におすすめする。ただただサービスを追究していることが伝わってきました。これはやろうと思ってもできることではありません。

そして休憩時間には近くのダンスホールに踊りにいくような人生の達人でもあったことも、ぜひ書き留めておきたいと思います。

一九三三年の入社から約六十年間、客室係一筋に勤めあげたのが、竹谷年子さんです。女性客室係第一号である彼女はＶＩＰ専門係として活躍し、チャップリン、ヘレン・ケラー、ベーブ・ルース、マリリン・モンロー、アラン・ドロン、英国のエリザベス女王陛下、インドネシアのスカルノ大統領などを担当します。長きにわたり帝国ホテルを支えた一人でした。

しかし担当したＶＩＰが著名だったから彼女が評価されたわけではありません。彼女のサービスが素晴らしく行き届いたものだったから、高い評価を受けたのです。

今は何人かで分業するようになりましたが、当時は一人の客室係がＶＩＰの世話を全部していました。お客様が到着したらお茶を出し、お風呂を入れ、部屋を掃除し、食事を運び、出発を見送るのです。

中でも竹谷さんのプロフェッショナル精神は際立っていました。掃除する時は、引き出しの真鍮《しんちゅう》の把手《とって》をひとつずつはずして磨き、トイレもどこから見ても汚れていないように磨く。ここまでは他の客室係も実行していたことです。しかし彼女は「自分がいちばん下の立場だから人の嫌がる仕事をしよう」と考え、廊下に置いてあった痰壺《たんつぼ》まで全部洗ったというのだから徹底しています。

そして絨毯に足跡を残さないように履き物を脱いで掃除し、白足袋《しろたび》の裏が汚れるようなことがあれば、再び掃除をした。またカーペットは、先輩から洗剤の調合を教わり、自分でも工夫を重ね、「カーペット掃除の名人」と呼ばれていたそうです。

全力で仕事をする方でした。昔はまだ設備が不十分だったので、使用済みのシーツを二十枚ほど肩にかついでランドリー工場まで運んだかと思えば、数人分の食事をのせたお盆を片手で支え階段をあがり、後片付けでは三十枚の皿を風呂敷に包んで地下の洗い場まで向かっていました。それでも「きついと思ったことは一度もない」と言います。

戦時中、彼女は帝国ホテルに住んでいた重光葵《しげみつまもる》外相の部屋付きメイドでもありました。戦艦ミズーリ号での降伏文書調印式の当日は、外相の着替えを手伝っています。

暑い中、重光さんが疲れて帰ってくると、竹谷さんは「お風呂で疲れを癒《い》やしてもらいたい」と思ったそうです。しかし当時は燃料の配給が少ないため、客室のバスにまで回すお湯はない。そこで竹谷さんは外相の帰るタイミングにあわせて、地下の調理場から二階の客室のバスタブまで、バケツにお湯をくんで階段を何往復もしていました。別の用事でしょうが、大きな氷のかたまりを担いで階段を上っていた竹谷さんの姿も見たことがあります。

これだけのことをすれば、お客様にも気持ちは伝わります。無口だった重光さんが、「竹谷さんを官邸に連れて帰りたい」と申し出たのも、それほど驚くことではありません。父は「彼女はホテルになくてはならない人ですから、それはできません」と丁重にお断りしたそうですが。

またマリリン・モンローが帰り際に「アイ・ミス・ユー」と別れを惜しみ、オーストラリアの実業家レスリー・ティース卿《きょう》は「私が帝国ホテルに泊まるのは、彼女が一週間のうち六日働いているからだ」と賞賛の言葉を贈りました。

エピソードをたどるほど、そのプロフェッショナルぶりに頭が下がりますが、竹谷さんの仕事のモットーになったのは、私の父から受けたアドバイスだそうです。

「お客様と自分の間に、いつも一本の棒を置いて考えるようにしなさい。その棒を越えてはいけません」

お客様のリクエストに応えるのが客室係の仕事ですが、客室係がお客様より下の立場ということはありません。だからといって、ベタベタ馴《な》れ合っていいはずもない。まず同じ人間として対等の関係を保つ。しかし一本の棒を意識することで、自分の分をわきまえるべきだ——。おそらく父はそのようなことを伝えたかったのでしょう。

心に一本の棒を置くことが大事であることは、それを実現した竹谷さんの評価がすべてを物語っていると思います。そこに私は〝サービスの真髄〟を見るのです。

フランスの戦略

初めてフランスを訪れたのは、先にも述べたように留学から日本へ帰る途中でした。私はまだしばらくニューヨークにいたかったのですが、父の代理としてアテネで開催される国際ホテル協会の総会に参加することになり、それにかこつけて欧州を回ったのです。

ニューヨークからフランスの港町ルアーブルまでは六日間の大西洋航路の旅。シャワー付きの個室で、昼間は室内プールなどで過ごし、出港の日と入港の前夜を除く夜はタキシードに着替えてのディナー。一等船客の旅は、快適そのものでした。

ルアーブルからパリまでは汽車での移動でした。私はフランス語がまったくわからなかったのですが、「旦那」こと藤原義江さんと恋仲にあったオペラ歌手、砂原美智子さんがパリ在住だったので、ずいぶんと助けていただきました。仕事でパリに来ていたシャンソン歌手の石井好子さんにもお世話になったものです。好子さんは衆議院議長も務めた石井光次郎氏の二女で、弟の大二郎君（後に昭和海運社長）とは慶應幼稚舎からの親友でした。

好子さんがフランス公演の拠点にしていた下宿に空室があると聞き、旅費を節約するつもりもあり、投宿していたジョルジュ・サンク・ホテルから移ることにしました。

セーヌ川に近い下宿を拠点として、日々思う存分パリ歩きを堪能しました。しかし当時のパリはうす暗く、またホテル以外で英語がほとんど通じず、フランス語のメニュー片手に四苦八苦した思い出が今となっては楽しくよみがえります。おかげで、今でもパリの街は、ガイドマップなしで歩くことができます。

ところが今、パリを歩けば街のパン屋さんまで英語で応対してくれるようになりました。フランスというと自国の文化に強い誇りを持っていて、独自の道を貫くイメージがあり、未来永劫《えいごう》もっぱらフランス語を使用して、英語なんて見向きもしないと思っていたのです。

しかしアメリカからの観光客が増えて、英語の必要性を無視できなくなったのでしょう。

その結果、一年間にフランスを訪れる外国人の観光客は、ここ何年も約八千万人を数えて世界一を維持しているそうです。この英語ひとつからもうかがえるように、国を挙げて観光客を獲得しようとする姿勢が、結果に結びついているに違いありません。

ちなみに二〇一〇（平成二十二）年に日本を訪れた外国人の観光客は八百六十万人で、フランスの約十分の一。二〇〇八年に観光庁が設置され、「ビジット・ジャパン・キャンペーン」という施策に取り組んでいます。さらに、二〇二〇年までに外国からの観光客を二千五百万人にしようという計画が現在進行していますが、今後は二〇一一年の東日本大震災の影響もあり、生半可なことでは達成するのは難しいでしょう。謙虚に精進しなければなりません。

第四章　育て

帝国ホテルは個人商店ではない

父・徹三はたたき上げの人でした。

一八八七（明治二十）年、石川県で生まれ、中学を卒業後、東京高等商業学校（現一橋大学）に入学。卒業後、満鉄（南満州鉄道株式会社）が経営していた長春ヤマトホテルに就職しました。

ただし就職に苦労して、知人に勧められるままの就職だったため、ホテルマンに対する特別な理想はなかったようです。それどころか、高学歴なのにボーイとして人に頭を下げることが苦痛で、気持ちの折り合いをつけるのに苦労したと聞きます。

そこでボーイ、コック、金庫係を経験しながら、ホテルの業務に関心を深めた父は、会社の経営方針が不満だったことも手伝い、三年後、満州から上海へと移動しました。

当時、日本人にとってホテルの仕事はまだ馴染みが薄く、誤解の多い職業でした。上海でもホテルのコックとして働いていると、東京高商の先輩に囲まれ「君の仕事はわが母校の名を汚すものだ」と詰め寄られたそうです。

上海での修業を経て、二十七歳でロンドンへ渡った父はホテルの雑用係として働き、三年後にはニューヨークへ。海外生活は十年に及びました。

そして帝国ホテルの改装計画が持ち上がった一九一九（大正八）年、調理場を設計できる人材として声がかかります。海外でのホテル勤務の経験を買われて、副支配人に就任したのです。

ホテルマンはチームワークが求められる仕事ですが、若いころの父の系譜を眺めると〝一匹狼〟という言葉が浮かんできます。そして一人で生きてきた気質か、自分の子供をべたべた可愛がるようなことはしませんでした。

思えば子供のころ、職場のホテルに連れて行ってもらったことがありません。十二月二十五日のクリスマス、子供パーティーが開かれる時だけが唯一の例外です。学生になってからも「ホテルは学生の分際で来るところではない」ときつく戒められていたので、足を踏み入れませんでした。

公私に厳しかったのは父だけではなく、母・治子もまた然りです。家にいたお手伝いさんに、何かを頼もうとすれば、「あの人たちは家のお手伝いさんで、あなたのお手伝いさんではありません」と叱られました。子供のころから「自分のことは自分でやりなさい」とよく言われ、慶應の普通部に入ってからは、ベッドメイキングなど自分の部屋の整理整頓はもちろん、ズボンのプレスや靴磨きも全部自分でしていました。

また父は、肉親だから仲良しこよしでやっていける、という楽観も持ち合わせていなかったように思います。私には弟の二郎がおり、私が米国から帰国したのとほぼ入れ替わりに訪米し、ホテルマン修業に励みました。帰国後はホテルニューグランド、国際観光ホテルを経て、芝パークホテルの社長に就任しますが、私は二郎とあまり接点を持ちませんでした。たまに会うことがあっても仕事の話はしなかったので、どんな経営者かお互いに知りません。

といってもこれは不仲だったわけではなく、父の方針でした。ある会社の経営をめぐって兄弟が骨肉の争いになったのを仲裁したことがあり、そうした事態を避けたかったようです。

肉親だからといって安易に優遇しない教えは私にも根付いているかもしれません。私の長男・徹郎は大学卒業後、スイスのホテル学校に入学し、味の素勤務を経て、ホテルニューグランド、インターコンチネンタル、帝国ホテルに勤めました。徹郎からは「いつか帝国ホテルで働きたいんだ」という話は聞いていました。もちろん自分の子供は可愛いし、親と同じ道を歩んでくれることは嬉しいものではあるけれど、帝国ホテルは犬丸家の個人商店ではありません。私は自分が社長の座を下りるまで、長男を帝国ホテルに入れませんでした。

母が亡くなり、父がホテルの相談役を退いた時、私と父は近所に別々に世帯を構えていたのですが、家内の提案もあり、本家を二世帯住宅に改築して同居を始めました。といっても父は孫と遊ぶことも少なく、散歩したり、読書に没頭したり、一人で暮らすスタイルを崩しませんでした。

家族は、愛し、慈しみ、守らなければならない、かけがえのない存在です。だからといって常にべったりしていればいいわけでもない。そのようなことは子供の独立心を奪い、ひいては周囲に迷惑をかけるだけです。

身内でも距離を置く必要を、私は父から学びました。

まずは部下の意見を聞く

息子二人は、幼稚舎からずっと慶應で学びました。私は仕事が忙しく、子育てはもっぱら家内に任せっきりでした。

私は父から「勉強しろ」と言われたことがありませんでしたが、私も同じ方針でした。学問はもちろん大事ですが、いい友だちをたくさんつくるほうがよほど大切だと考えています。息子たちには、そのような環境を与えて、後は好きにさせることにしました。やりたいことをやらせて、後は放任するぐらいがいい――。それは会社でも同じです。

上司の仕事は、思い切って部下に任せることだと私は思っています。

もちろん経営方針などの大枠は、経営陣が相談して決めなければいけません。しかし個別の案件に関しては、担当部署に好きにやってもらったほうがいいのです。上の顔色をうかがいながら仕事をしていると、いつまでたっても責任感が芽生えない。そうなると「まあ自分のせいじゃないから」と気が緩み、結果、その人の持っているポテンシャルを発揮できないのです。

だから上司は自分の我を出して、部下を不自由に縛りつけてはいけません。私は上司として先に自分の意見を述べないように気をつけていました。そうでないとどうしても「犬丸さんがそう思っているなら……」と私の意見に傾いてしまいますから。

もっとも大事なのは部下の意見。まずそれを聞いてから、間違いがあれば指摘して修正していけばいい。

副社長時代、複数の企画を持ってきた部下に「どれがいいでしょうか」と聞かれたことがありました。私はその質問に答えず、こう言いました。

「私は君の『これがいい』という意見が聞きたいんだ。上司の意見をうかがうだけの存在なら君は必要ないんじゃないか?」

せっかく企画を発案できるポジションにいるのにもかかわらず、「自分はこれでいきたいんです!」と思い入れのあるアイデアを発表しないなんて、こんなもったいないことはない。最近の人は、どう評価されるかに対して臆病《おくびょう》すぎるのかもしれません。

同様に新メニューの案をいくつか持ってきて「どれがいいですか」と訊《たず》ねる料理人にも、

「人の意見に左右されるようなものを持ってくるな。自分でやりたいと思うことをやってみろ！」と言いました。

実際、やりたいことをやったほうが結果もついてくることが多いのです。帝国ホテルでは、社員たちが提案した「レディースプラン」や「同窓会プラン」は好評を得て、人気企画になったのです。

放任すると、主に好きなことを追究していくため、できあがりは少し〝いびつ〟になるかもしれません。たとえば私の二男は小さいころから本ばかり読んで、無理やり外に連れ出すこともしなかったので、運動神経はほぼゼロに近い。そのかわり高校時代には論文で表彰され、好きな伝統芸能についての知識が整備されていき、今は歌舞伎の評論を雑誌に連載しています。好きこそものの上手なれ、です。

体育はできるけれど、勉強はできない。国語はできるけれど、算数は苦手。その逆でもいいわけです。それぞれ人間にはその人なりの特徴があり、得手不得手があることが当たり前なのですから。ホテルでもドアマンにコックの仕事はできないし、コックはウエイターの仕事ができない。それと同じことです。

得意なこと、好きなことを伸ばしていけば、後は適材適所で社会が帳尻をあわせてくれる。それぐらいの気楽さを持って、仕事に励んではいかがでしょう。

小佐野賢治氏の思い出

小佐野賢治氏といえば昭和を代表する大政商です。戦後、バス会社網を構築し、ハワイに数多くのホテルを所有し「バス王」「ホテル王」の異名で呼ばれました。くわえてさまざまな企業の買収に関与し、ロッキード事件では「記憶にございません」の言葉を残して一審では実刑判決。二審で執行猶予がつきましたが、あまり世間ではいいイメージを持たれていません。

しかしながら私は小佐野氏と仕事で交流があり、不愉快に感じたことが一度もなかった。不思議なものです。

その存在を意識し始めた、というよりも意識せざるをえなくなったのは、一九六〇年代後半のこと。小佐野氏が巧妙な手段を使って、帝国ホテルの株を買い漁《あさ》っていることが発覚したのです。

私は心配になりました。向こうは「フィクサー」と言われる人物。ホテル経営に何を求めているのか、悪く言ってしまえば何を企んでいるかが見えてこなかった。

すると小佐野氏から「俺の家に来ないか」と連絡がありました。一度お互いに顔を見て話す必要を感じた私は、彼の豪邸に赴きました。そこで奥さんがつくった手料理を二人で食べたのです。

その時、いろいろな話をしながら、私は世間で言われているようなダーティーさを感じませんでした。高価そうな絵画を「いいですね」と褒めれば、「ああ、その絵は高いかけら」とひと言。「自分は帝国ホテルが欲しいんだ」と言い出すのを待っていたら、結局最後まで何も言わない。その道で生きてきた人間の凄《すご》みは感じたけれど、多くのマスコミのように「悪」のひと言で片付けるのには違和感を覚えました。もしかすると、小佐野夫人が旧華族で、私の仲間の妹だったことが、余計な先入観を与えなかったのかもしれません。

その後、株を増やしていった小佐野氏は一九七四（昭和四十九）年、取締役に就任。有罪判決を受けた翌年の八五年に会長に就任します。

小佐野氏はあまり帝国ホテルに顔を見せませんでした。しかしやって来る時は、私の執務室に突然やって来て、あれこれ話し始める。思いついたら即行動の性格で、相手の都合おかまいなしに電話をかけてきて、出られないと怒り出すせっかちさには困りましたが、経営者としては非常に優秀でした。

「どうして帝国ホテルでは政治家のパーティーをやらないんだ？　宴会場の空いている日にやれば儲《もう》かるじゃないか」と言われた時も、大勢の出席者の割に出す料理が少なく、利益がないことを説明すると、「それならやらなくていい！」と撤回。筋道を通して話をすれば、聞く耳を持って理解してくれる人でした。

そして当時、帝国ホテルは巨額の債務を抱えていたので、いろいろ口を出されるのだろうと覚悟していたら、

「お前に任せた。好きなようにやればいい」

とだけ言われたのです。ポジションに就いた者にはつべこべ指図せず、責任を与えて任せる。その方針が私と一致していたことが、最後までネガティブな感情を抱かなかった最大の理由かもしれません。

紹介状は書かない

紹介状を書いてください、と頼まれることがあります。

「犬丸さん、今度パリのホテルへ行くんだけど、もしマネージャー知ってたら一筆書いてくれないかな?」

それに対して私は、「ああ、あそこのゼネラルマネージャーはこういう人だよ。会ったらよろしく言っておいて」。

これでおしまい。私は紹介状は書きません。

もし私が紹介状を書いたら、相手が気を利かせて宿泊料を安くしたり特別な扱いをするかもしれないし、心理的な負担になるかもしれません。そうなるとそのマネージャーが「帝国ホテルのイヌマルに紹介状を書いてくれ」と言われた時、そういえばこのあいだこんなことがあったな……と筆を執ることになるでしょう。もともと貸し借りをつくるのが嫌なのです。

また紹介状を書いた時点で自分にも責任が発生するわけであって、自分はそこまでの責任を負えないとも思う。もしだれかが私宛の紹介状を持ってきた場合は、書いた本人に電話して、「ここに書いてあることだけじゃこの人のことわからないよ。なんで紹介したの?」と訊ねます。

私だったら人に「紹介状書いて」とは頼みません。頼むぐらいなら、自分で手紙を書いたほうがいい。

かつてこんなことがありました。私がコーネル大学に通っていたころのことです。大学の授業は、月曜から金曜までで二時半ころには終わります。それで金曜日の夕方から、ウイークエンドにはよくニューヨークに行きました。

コーネル大学のあるイサカという街にはローカル空港があって、ニューヨークまで一時間ほどの距離です。週末にはキャンパスの掲示板にニューヨーク便金曜何時発とチャーターフライトの予定が張り出されるので、その掲示板に名前を記入しておくと、日曜夜帰着の復路便とセットで往復予約できてとても便利でした。それで六十人くらい乗れる双発プロペラ機に乗ってニューヨークに向かうのです。

当時、私はホテルマンとして生きていこうと決めていたので、ニューヨークに行くのは有名なホテルを泊まり歩くことが目的のひとつでした。ですから、ウォルドルフ・アストリア・ホテルに泊まった時は、非常に感動した。ウォルドルフ・アストリア・ホテルは先にも述べましたが歴代の大統領をはじめ、世界中のＶＩＰがニューヨークに来れば泊まる米国屈指の高級ホテルです。「このホテルから学ぶことは大きいだろう」という印象がありました。そこで私は、コーネル大学を卒業したら働きたい旨の手紙を同ホテルの人事部宛に出したのです。

しかし、ホテルからの返事は届きませんでした。

あの時は私も若かった。「まあ、一介の日本人だから仕方ないか……」と諦める気持ちはつゆ起きず、「宿泊客になれば、責任者と話ができるかな」と考え、ホテルに宿泊したのです。

思惑は的中して、宿泊担当のマネージャーが会ってくれました。そこで自己紹介して、就職希望の手紙を人事部宛に出したが返事が来ないと切り出したのです。私が帝国ホテルの社長の息子だとわかると、ヘイスティングというマネージャーからは、

「イヌマルか！　以前、日本に行った時、お父さんにとても世話になったことがある」

と思わぬ返事が返ってきました。戦前、世界一周クルーズで日本に来た時投宿したのが帝国ホテルで、父の名前を覚えていたのです。

こうして、マネージャーの尽力もあって、私は念願のウォルドルフ・アストリアに勤めることができました。

もしかして最初から父に紹介状を書いてもらっていたら、もっとスムーズにウォルドルフ・アストリアに勤めていたかもしれません。しかしそれだと父と責任者同士がやり取りし、縁故入社に近い案件になっていたでしょう。やはり自分で手紙を書き、直接会って、道を切り拓いたことが奏功したと思っています。

そういえば、紹介状と聞いて思い出す、これもコーネル大学がらみの一件があります。留学から帰って間もないころ、面識のない米兵が帝国ホテルに私を訪ねてきたのです。

何の用かと聞くと、

「私は進駐軍のクラブで働いているリチャード・フェリスという者だ。任務を終えて帰国した暁には、コーネル大学でホテル経営を学びたいと考えている。あなたはコーネル大学で学んだと聞いたので、私を推薦してくれないだろうか？」

確かに私はコーネル大学に在籍しました。しかしただの学生であって、推薦できるような立場でもなんでもない。仕方ないので、彼の仕事を説明し、入学の希望を伝える手紙をコーネル大学に送りました。紹介状と呼べるような代物ではありません。

その後、フェリスはコーネル大学に入学した、と風の便りに聞きました。変わった奴だったな、今ごろどうしているのかなと時折思い返していたら、驚いたことに卒業後就職したウェスティンホテルで社長になったのです。さらにウェスティンホテルを傘下に収めるユナイテッド航空の社長、そして会長にまで出世したと知った時は、さらに驚きました。あの時、まさかこんなことになるとは、これっぽっちも予想していなかったのです。

初対面から二十年後、フェリスとは帝国ホテルで再会を果たしました。抱擁して喜びを分かち合うと、フェリスは「君に感謝している」と言う。しかし、どう考えても大学に入学できたのは彼の実力でした。私の書いた推薦状とも呼べない手紙が、何かの役に立ったとは思えないのです。

コンソメスープのつくり方

この年になっても特別食事に気をつかうことがない。うなぎが食べたいなと思えば食べに行くし、寿司が食べたいなと思ったらつまむ。家でパーティーを開く時寿司屋を呼んで握ってもらうことは最近あまりなくなったけれど、基本的に昔と何も変わりません。食べたいものを食べ、飲みたいものを飲むのは、この年になって後悔したくないからです。

時折コンソメスープを飲むことがあります。スープを口に含むと思い出すのが、ホテルマンになりたてのころです。

私が帝国ホテルに就職したのは、一九四九年三月。まだ学生の身分でした。試用期間として二カ月間のハウス係、つまり清掃係からスタートし、次に担当したのはボーイ、つまり客室係。それを三カ月務めた後、異動したのが調理場です。

調理場ではいろいろ経験しました。肉屋からスープ屋、朝食係、昼食係、パン屋……。中でも印象深いのがスープづくりです。固形のスープの素《もと》なんてない時代でしたから、仕込みにはたいへんな時間がかかったものです。

まずブイヨンをつくるため、肉や野菜を煮込む。すると灰汁《あく》が浮き上がってきます。しかしコンソメのスープは澄んでいないといけません。そこで卵の白身を投入します。煮立ったところに卵白を入れると白身の凝固作用で灰汁が固まってくるのです。これを取り除く作業を何度も繰り返すことによって、灰汁のない透き通ったコンソメができあがります。

ところが進駐軍の管理下にあったので、調理場では卵も勝手に使えませんでした。それで朝食の時に使った卵の殻を全部とっておいて、それを利用するのです。割った卵の殻も、少しだけ残った白身も無駄にできない時代でした。

当時は、ほとんどが手作業でした。人参や芋の皮を剝《む》くのも手作業です。とはいえ芋の剝き方なんて習うこともなく、それこそ見様見真似です。先輩のやることをしっかり見て、そのコツを盗む。料理長が厳しかったので、一所懸命にやりました。

今でも私は厨房に立つことがあり、簡単な料理なら自分で手早く調理してしまう。ナイフ大小も数本使い、結構自信がある。昔の男は料理をしないイメージがあるのか、驚かれるのですが。

若い時にした手習いは忘れないものだし、何より「見て、盗む」から体に染み付いたのかもしれません。マニュアルに頼らず、自分でつかみ取ろうとしたコツというものは、血肉化していくのです。

さて私は大学生時代、丸四年間ほとんど授業に出ないまま、ホテルマン業務に励んでいました。卒業試験はてんで自信がありませんでしたが、通学途中に買った新聞の社説をまる写しにしたところ、奇跡的に卒業できたのです。同じ「見て、盗む」でも、真剣でなかったせいか、大学で教わった知識は余り身についていません。

あえて育てない

就職難が続いてます。不景気だから企業も採用に慎重で、新入社員数名を選ぶのをずいぶん難しく考えているようです。

しかし私は帝国ホテルで大卒の新入社員を選ぶ立場だった時、面接なんて五分あればいいと思っていました。

当時、面接は、私と人事部長ともう一人の三人で、それぞれの部屋に分かれて一人ずつ順々に行っていました。つまり学生は一対一の面接を三回受けることになります。

普通の面接は時事問題などを話題にあげて、「君の意見は？」などと質問したりするのでしょうが、私はそういうことはしませんでした。ある程度想定できる質問は、何か覚えてきたような答弁になったりしてしまう。それならば作文やレポートを提出させればすむことです。

そこで私は雑談に近い話をしていました。

「君は慶應の経済学部？」

「はい、そうです！」

「私も慶應だったんだよ。ところで今、学部長はだれですか？」

「学部長ですか⁉ 学部長は……確か、その……」

普通の学生は、塾長ぐらいは分かっても、学部長などほとんど気にしていません。一瞬しどろもどろになってしまう。でも、これでいいのです。

「なんだ、知らないのか。ちゃんと学校行ってるのかね？ 私はあまり学校行ってなかったから、学部長なんてだれか知らなかったよ」

このように話していくと、だんだんリラックスして、学生の地が出てきます。窮地に立たせて追い込むより、やっぱり気持ちよくやらせてあげたほうがいい。こっちだって普段の姿を見たいわけですから。

相手がリラックスさえしたら、あとは話し方、声のトーン、目の表情などを見ていきます。五分あれば大体の人柄がわかるので、もうそれで十分でした。

つまり私が知りたいのは、本人の地金だけなのです。大学の成績がどうだったか、将来会社に入って何をやりたいかはあまり興味がない。強いて言うなら客商売なので礼儀作法さえ心得ていれば、なんとかなると思っていました。

帝国ホテルでも新人の育成は、基本的に「学ぶ環境だけ与えて、後は任せる」方針でした。つまり素材がある程度できていたら、後は現場に放り込んで仕事を覚えてもらえばいい。社員育成と言いながら、ある意味、育てていないかもしれません。

教育とは基本を教え、個性を育てることが究極の目的です。「ああしなさい、こうしなさい」と横から口を挟んだところで、テストの点が上がることがあっても、個性は育っていきません。

もしかすると人を育てること自体、驕《おご》った発想なのかもしれない。他人ができるのは、人の素材を見抜いて、環境を与えることぐらいなのではないでしょうか。

「導いて索せず」。これが私の教育方針です。

スープの冷めない距離

帝国ホテルは、ご近所さんの企業の方々にずいぶんと助けていただきました。いや、教えていただいたといったほうがいいかもしれません。VIPの方々への接し方というかお世話の仕方など、スタッフは多くを学ばせていただいたと思います。

たとえば、お隣さんに当たる東宝。小林米三さん（阪急東宝グループの創始者・小林一三氏の三男で元阪急電鉄社長。宝塚音楽学校の名誉校長も務めた）のころからのおつきあいで、その後、清水雅さん（東宝の元社長・会長）にはたいへんお世話になった。それから藤本真澄《ふじもとさねずみ》さん（映画プロデューサー・東宝映画初代社長）、そして、松岡功さん（現東宝名誉会長・元プロテニスプレーヤー松岡修造氏の父）とずっと縁が続いています。越路吹雪《こしじふぶき》さん、作詞家の岩谷時子さんは東宝を通じての常連さんでした。

映画会社でいえば、大映の永田雅一さんも忘れられません。〝ラッパ〟とあだ名された豪快な人柄で、一九五五年ごろ、河野一郎代議士と一緒に、ただタキシードを着て集まる「タキシード会」と称するパーティーを帝国ホテルで催していました。ある時、永田さんが「パンナム機をチャーターして、全員でハワイに行くぞ！」と言い出したことがありま す。「豪快な人だな」と横で聞いていたら、「一郎、お前も行くんだ」と指をさされ、後日、添乗員として同行したのもいい思い出です。

松竹の城戸四郎さん（映画プロデューサー・元松竹社長）、映画の輸入会社である東宝東和の川喜多長政《かわきたながまさ》さんにも、たいへんお世話になりました。川喜多さんは、海外から映画スターが来ると、いつも帝国ホテルを使ってくださった。

映画に限らず、日比谷一帯は帝国劇場、東京宝塚劇場、日比谷映画、有楽座といった劇場も揃っていて、日本のエンタテインメントの中心地でした。その後に芸術座が誕生して、その地下には映画館もできました。

ちょうど私が帝国ホテルに入社してまだ間もないころ、顧客の古川緑波（ロッパ）さんが有楽座に出ていた縁で、田中絹代さん、山田五十鈴《いすず》さんにも帝国ホテルをご利用いただきました。田中さんの家は当時鎌倉にあって、近くに住んでいた「旦那」こと藤原義江さんが帝国ホテルで暮らし始めた縁もあり、長い期間、帝国ホテルに住んでいたのです。山田五十鈴さんにいたっては、帝国ホテル暮らしは十年以上に及びます。

帝国劇場で森繁久弥さんが『屋根の上のヴァイオリン弾き』の公演をする時は、世田谷のご自宅から毎日通うのがたいへんだったので、毎年、舞台稽古から千秋楽までずっと帝国ホテルに泊まっておられました。森光子さんも『放浪記』の公演中、ご自宅の改築工事も重なって、ホテルから芸術座に通われていたことがあります。

芸術座と反対側にあった日本生命には、弘世現《ひろせげん》さん（五代目社長）という日生劇場をつくられた方がいて、親しくさせていただきました。今のみずほ銀行のあるところは、もともと第一勧業銀行で、帝国ホテルのメインバンクでした。

ＪＲの線路を挟んで向こう側でいえば、社員教育のための「鬼十則」という教理を書いた電通の社長・吉田秀雄さんには、ずいぶん可愛がっていただいたものです。

朝日新聞の社主だった村山長挙《ながたか》さん御一家と上野淳一さん御夫妻にも、よくご利用いただきました。毎日新聞の本田さん、東京新聞の福田さん、京都新聞は白石古京さんといった方々にもお世話になりました。鐘淵紡績の武藤絲治さん、神戸銀行頭取の岡崎忠さんらは、神戸からよくお見えになってくださった。

服飾デザイナーの伊東茂平さんや森英恵さんにもご贔屓《ひいき》にしていただきました。森さんは昔から存じ上げていたご縁で、二カ月に一回くらいホテルでファッションショーを開催しました。そのころとしては新しい試みであったファッションショーを、帝国ホテルでやっていただいたことはとてもありがたかったのです。

こうしてつらつら思い出すと、実に錚々《そうそう》たる顔ぶれです。当時、こうした常連のお客様は部屋が決まっていて、スタッフはそのことをしっかり把握していました。だからフロントでキーを渡す時、お顔が見えたら「おかえりなさい」と鍵をお渡しするのです。それに応じて「ただいま」とか「おやすみ」と言って部屋に戻られる、一人ひとりの姿が思い浮かんできます。

振り返れば、帝国ホテルは〝地縁〟に支えられてきました。しかし最近は地縁という言葉自体、耳にすることが少なくなったような気がします。社会全体が複雑になって近所づきあいが薄まり、生まれ育った環境、趣味、嗜好《しこう》と何から何まで違う人生を送ってきた見知らぬ者同士が、同じ地域や同じ巨大なマンションに暮らしている。

私が結婚したころ、「スープの冷めない距離」という言葉がありました。親元に近いところに住むのが、親にとっても新生活を始める子供にとっても幸せなのだという考え方です。年老いていく親に何かあったらいつでも駆けつけられ、孫の面倒もすぐに頼めて、できたての夕食も分け合える。そういう環境だから「おばあちゃんの知恵袋」もおおいに活用できました。

家族だけではありません。隣近所の人たちはみな顔見知りで、回覧板のやりとりだけでなくそれこそ町内中が助け合っていました。社会全体が貧しかったという時代背景を共有していたから、今日がダメでも「明日があるさ」と励まし合ったものです。みんながみんなお互いのことを気づかい、思いやりが社会の基盤をつくっていた幸福な時代です。

思いやりに助けられたのは、帝国ホテルも例外ではありません。ご近所のみなさんが「あそこはスタッフが頑張っているから」と顔を出してくれたり、時には至らないサービ

イギリス元首相マーガレット・サッチャーをお迎えする著者。

スに対する指摘をしてくれたからこそ、われわれは多くのことを学び、そして育つことができ、今日があります。

帝国ホテルは外国人の賓客を迎えていた歴史もあり、今もなお、いろいろなお客様が世界各国からやって来られます。遠方からのお客様を手厚くもてなすのはホテルの使命です。しかし同時に、スープの冷めない距離にいるご近所の方たちは、これからも、いつまでも、大事にしていきたいと思います。

第五章 営み

東京帝国ホテル
IMPERIAL HOTEL, TOKYO, JAPAN

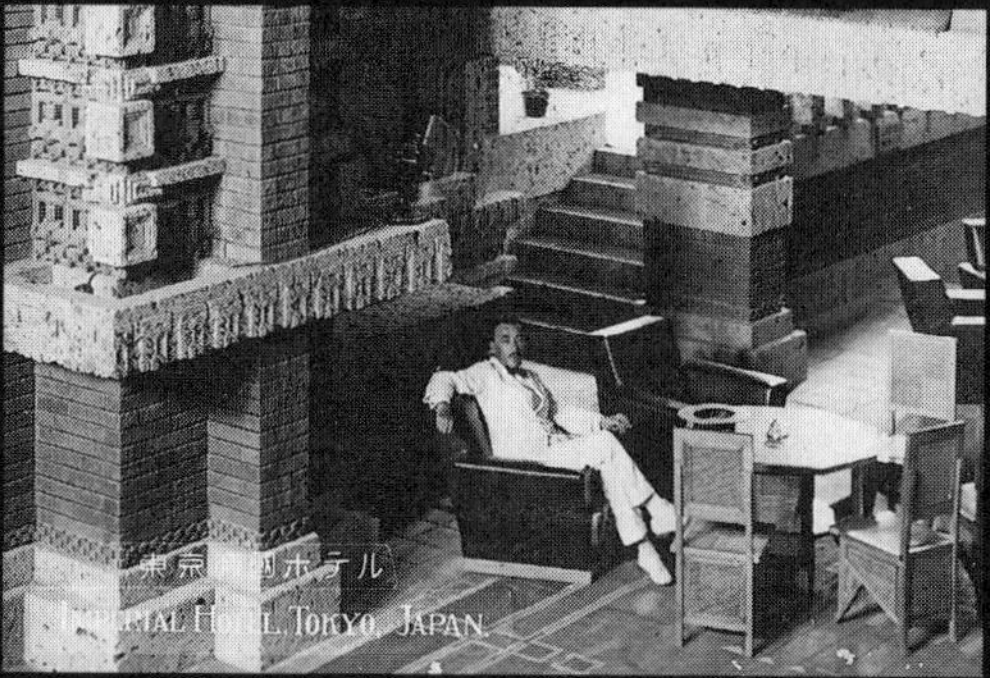

アメリカと日本のホテルの違い

帝国ホテルはホテルであってホテルでない――。

そんな感想が胸に広がったのは、米国留学から帰って、帝国ホテルでの勤務を再開した時のことです。

アメリカのホテルに勤め、ヨーロッパのホテルを泊まり歩いてきた後に見ると、約三年ぶりの帝国ホテルは時代遅れの印象をぬぐいきれませんでした。ひと言で言えば〝西洋旅籠《はたご》〟。設備とサービスが、欧米とは比較にならないほど遅れていたのです。

なぜそれだけ差がついたのか？　それは努力を怠ったわけではなく、時代によるところが大きかったと思います。父・徹三が海外でのホテルマン経験を買われて帝国ホテルに招聘されたのが大正時代のこと。それ以降、日本は戦争と占領の時代を経て、三十五年もの間、ほぼ鎖国状態だったのです。

さらに、アメリカでは「近代ホテル王」と賞賛されたエルズワース・スタットラーがコーネル大学にホテル経営学部を創設し、ミスター・ヒルトンがどこの街にもあって、だれでも立ち寄れるような「ヒルトンホテル」をつくった。新しいホテルのあり方がどんどん切り拓かれて行きました。確実に時代は動いていたのです。

一方、日本には海外からのお客様が少なくなり、そのうち戦争が始まり、外国のホテルとの交流もまったくなくなりました。昭和の初めころ、料理人をフランスに勉強に出したことはありましたが、同時期に外国のホテルへ勉強しに行った人なんていないし、もっと言えば、ホテルそのものを見に行ったという日本人もほとんどいませんでした。だから宿泊客が「どうしてこのホテルにはあの設備やあのサービスがないんだろう?」という単純な疑問を抱くこともなく、設備やサービスが向上するきっかけがなかったのです。

帰国した私がとくに違和感を覚えたのが、食事する空間です。

勤めていたアメリカのホテルでは、レストラン以外にコーヒーショップがあり、いつでも利用可能でした。私もホテルとはそういうものだと思っていたのです。しかし当時、帝国ホテルのダイニングは時間帯が決まっていて、朝食、昼食、夕食の時にしか開いていなかった。それ以外の時間にお腹がすいたら、ルームサービスを取るか、待つしかなく、ブランチも早めの夕食もできなかったのです。外国人向けに営業していた帝国ホテルでさえ、そんな状態でした。

またバーも納得いくものではありませんでした。アメリカではロビーの一角にカクテルラウンジまたはティーラウンジがあり、昼間から飲み物とケーキやサンドウィッチ等軽食を提供していて、非常に明るいイメージです。それに対して、帝国ホテルのバーは、人目につきにくい半地下でひっそり営業していた。まだ戦後間もないころで、酒を飲むことに後ろめたさがあったのでしょうか。もちろんこれでは女性客が利用しにくいことこの上ありません。

そこで午前十時から午後十一時までの間、いつでも軽食やドリンクサービスができる「ガーデンバー」をつくったのです。一九五三（昭和二十八）年六月のことでした。

同時に宿泊客には外国からのバイヤーが多く、「日本の関係者を呼んでパーティーをやってほしい」という要望がありました。それを受けて、宴会場でカクテル・パーティーを始めたのです。夕方に一杯飲みながら歓談をして交流を深める、ちょっとした顔合わせのパーティーは、席が固定されてしまうディナーと違ってフレンドリーな関係を築くのに便利で、商談がまとまることも多かったようです。こうした立食のパーティーはその後ホテルサービスのスタンダードになっていきました。

当時、私は「日本のホテルは遅れている」と焦りを感じていました。しかし今考えると、ホテル観そのものが外国と違っていたのかもしれません。主な役割が「泊まるところ」だった日本のホテルに対し、欧米は泊まるところであり、食事を提供するところであり、地域の人が集まる街のコミュニティセンターでもあった。欧米で「ホテルは人が集まる場」ということを体感していたため、新しい人間関係を築き、新しい価値観を生む空間になることを、私は潜在的に望んでいた気がします。

しかしホテル観に限らず、大多数の人間が共有する価値観は、だれかが変えようと主張したところで簡単に変わるものではありません。今に勝るものを提供して、利用者が納得した結果、徐々に変わっていくものなのです。

そういう意味で、ホテル観を正したなんて立派なことはしていませんが、「ガーデンパーティー」やカクテル・パーティーを立ち上げたことで、ホテル観を見直すのに微力ながら貢献できた気はします。

バイキングという食文化

食べ放題の「バイキング」は、ごく当たり前の食文化になりました。しかしそれを始めたのが帝国ホテルと聞いたら驚くでしょうか。

私が留学中、アメリカのレストランで北欧の料理「スモーガスボード」が流行していました。スモーガスボードとはスウェーデン語で「バター付きパンのテーブル」という意味。いろいろな料理が大皿ごとに盛られていて、食べたいものを自分で自由に選べます。この北欧の食卓を真似《まね》した店が、定額料金で食べ放題だったから人気があったのです。

「これは日本に導入しても人気が出るのでは?」と、私は早速当時の料理長に提案しましたが、「それは難しいですね」とけんもほろろでした。輸入食品どころか、日本の食材も不足していた時代であり、北欧スタイルといってもそのノウハウもない。確かに非現実的な提案でした。

ところが北欧諸国に旅行した父がスモーガスボードを体験して帰ってきて、「スモーガスポードはいい」と、当時パリのホテルで料理研修中だった村上信夫さんに急遽《きゅうきょ》習得させたのです。そして新しいスタイルのレストランを開くことが決まりました。

レストランの名前は社内募集した結果、「インペリアル・バイキング」に決定します。当時カーク・ダグラス主演の映画『バイキング』がヒットしていたのも影響したのでしょう。一九五八年八月に店がオープンすると、日本初のセルフサービス、食べ放題が受けて、連日大盛況でした。値段は大卒の初任給が一万三千六百円の時代に、ランチ千二百円、ディナー千五百円ですから、なかなかの贅沢《ぜいたく》です。

ある日、伊勢ノ海部屋から予約が入り、横綱柏戸をはじめ部屋の力士たちがやって来て、半端ではない食事量にスタッフがやきもきさせられたこと、お弁当箱に詰めて帰ろうとするお客様がいたこと。どれも今となっては懐かしい思い出です。

それから月日が流れ、私がシンガポールを旅行していた時のこと。宿泊したホテルのレストランで「朝食はメニューで選びますか？　それともバイキングにされますか？」とマネージャーから聞かれた時は、「あのバイキングという名称がここまで広がったのか」と感慨深いものがありました。

しかし安定した人気を誇るように見えるバイキングも、実は流行り廃《すた》りがあります。バブルのような豊かな時代には、人は自分がおいしいと思えるものを求めて、贅沢な料理に高い出費を惜しみません。そうなるとバイキングは、お手軽さが安っぽさのように受け取られて、人気が下がる。しかし不況の時代になると、気軽な値段でいろいろ食べられるものが重宝されるようになるのです。現在、バイキング人気が比較的安定しているのは、景気があまりよくないからでしょう。

こうした時代の波にもまれながら、帝国ホテルのバイキングは少しずつ修正が施されています。まず日々、料理を変える。そして当初本格的な北欧のスモーガスボードだったものを、利用しやすいビュッフェのスタイルに変えました。また店の名前も一時期は「レインボールーム」にしましたが、わかりやすいという理由で「バイキング」に戻しました。

いくら安定した人気に支えられているからといっても、それが未来永劫受け入れられる保証はないのです。〝今〟のお客様に飽きられないため、胡坐《あぐら》をかいてはいけません。

ホテル内イノベーション

おかげさまで帝国ホテルは多くのお客様に利用していただいています。しかしどれだけ支持していただいても、経営の歴史が長かろうとも、同じ商売を続けていればいいわけではありません。その時代に合わせて、サービスやシステムを変革していく必要があります。

副支配人時代、私がまず取り組んだのが、フロントの改革でした。

当時のフロント業務はチェックインやチェックアウトだけでなく、鍵の受け渡しから観光案内、さまざまな苦情の処理まで、全部フロントの仕事でした。

これではきめ細かな接客サービスなどできません。まして、このころは外国からバイヤーが大勢みえた。日本が初めてという人も多かったのですから、フロントの仕事はたいへんだったのです。

そのころ、ヨーロッパには買い物から劇場の切符の手配から何から何まで、お客様の代わりに全部やってくれるコンシェルジュがいました。アメリカではアシスタント・マネージャーがこの仕事に該当します。

そこで、フロント・ロビーに英語の達者な女性を置いて〝インフォメーション・デスク〟を設けました。銀座に買い物に行きたい、宝塚を観たい、歌舞伎を観に行きたいなど、お客様の要望を聞いてこたえられるようにしたのです。苦情その他は、〝アシスタント・マネージャー・デスク〟というのをロビーにつくって、私が引き受けることとしました。

このことによって、フロントの業務がスムーズになっただけではなく、帝国ホテルのスタンダード・サービスにも貢献できたのではないかと思います。

フロントの改革でいえば、日本でいち早くオンラインシステムをフロント・オフィスに導入したのは、わが帝国ホテルでした。新本館の完成を控えていた一九六八年、大幅な客数増加が予想されたので、かつて使用していたＮＣＲ製のものすごく古いキャッシュレジスターから、母校のコーネル大学が開発した新しいシステムに替えたのです。

物事は連鎖していくものです。そのオンラインシステムや料理の急速冷凍・解凍の技術を学ぶため、ホテルのスタッフとともにアメリカに出張した帰り、例年開催されている〝ホテルショー〟を見るためにシカゴに寄りました。そこで目にしたのが、幅四メートル、奥行き三メートル、高さ五メートルほどもある巨大なロータリーオーブンです。一台で五百人分のローストビーフが一気に焼けると聞き、即決で二台購入しました。

それまで帝国ホテルは各レストラン、各宴会場ごとに調理場があり、野菜の皮むきや下ごしらえなど、単純な作業も店単位で別々に調理していました。それを新本館では地下に大きな調理場を設け、国内初となるセントラルキッチン・システムを採用したのです。この方式により、食材の無駄を抑える効果があったばかりか、帝国ホテルの調理場は合理的かつより機能的になりました。その一端をになったロータリーオーブンは、まだ現役として調理場で活躍しています。

このようにホテルでは大規模な改革に取り組むことがありますが、改革のヒントというものは、案外、身近に転がっているものです。

私が米国のホテルに泊まった時のこと。時差ボケで変な時間に目が覚めてしまい、バスルームの電気を点けたらパッと明るくなって眠れなくなったのです。そこで「これと同じ体験をする人がいたら困るだろうな」と感じたことがきっかけになって、今、帝国ホテルのバスルーム入り口には、照明の明るさを調節できる装置がついています。

お客様の要望が改革を促すこともあります。戦後しばらくの間、海外からの観光客はほとんどが船でやって来ました。当時は世界一周の客船も少なくなく、とにかく荷物が多かった。夫婦で大きなスーツケースを三個も四個も持ってくるのです。

ところがホテルの洋服ダンスは広いにもかかわらず、ハンガーが六つ七つ程度しか掛かっていなかった。一週間くらい滞在する人もいて、これではとても足りません。そこでハンガーの数を倍以上に増やし、女性用のスカートを挟むハンガーも付け足しました。まだ一般の日本人が世界クルーズなどできない時代で、部屋の担当者は、自分で旅行していないから何が過不足なのかわからなかったのです。

また当時、外国人の背丈を考慮して、ドアノブの高さを十センチくらい上に付け替えました。カギ穴も高めにして、お客様の目線で開け閉めができるようにしたところ、日本人でも腰をかがめなくてもよくなった。同時に海外では一般的だったドアののぞき窓も取り付けました。

ジャンボジェット機が就航した一九七〇年代に入ると、客船から飛行機へと旅行のスタイルが変わっていきます。さらに一九八〇年代になると観光客よりもビジネスマンが増えました。忙しい欧米ビジネスマン客のために取り組んだのは、電話の増設です。最初はベッドサイドに一台しかなかった電話を、デスクとバスルームにも設置。ビジネスルームをつくってコンピューターを使えるようにし、プールやスポーツジムも設けました。ケーブルテレビを導入したのもこのころです。

バスルームの洗面台の照明は、妻の意見を参考にしました。それまでは鏡の上に蛍光灯が取り付けられていて、光が真上からあたるため、顔に影ができてお化粧がしにくかった。そこで帝国ホテルでは、下からのライティングできれいに映す劇場やスタジオの楽屋を見習い、洗面台の鏡の両脇に白熱灯をつけました。私のような男性では到底思い至らないポイントです。

一九九〇（平成二）年に全面改修した時は、女性客を強く意識しました。女性はソフトな雰囲気を好むため、それまで重厚な調度が基本だった部屋の壁紙、デスク、クローゼットの色を明るくしたのです。昔より幅広い分野で活躍するようになった女性はあちこちを旅行し、いいホテルやおいしい食事に非常に貪欲です。昨今、女性の意見はますます見逃せないものになっています。

仕事を続けていると、「自分はこうしたい」という思いが自然と生まれます。それはプロフェッショナルにとって、なんら悪いことではありません。その思いを形にし、世に問うことが、働く原動力になるからです。

しかしホテルマンは「自分がこうしたい」という欲も重要ですが、それよりも前に「お客様がどう感じるか」という視点が存在しなければいけません。その目線のないイノベーションは、「改造」であって「改革」ではない。

逆に言うなら、お客様の声に耳を澄ませば、そこにイノベーションのヒントは必ず隠れているのです。

サービスに国境はない

長い間、帝国ホテルを牽引《けんいん》していた父・徹三が引退したのは一九七〇年。日本が万博で盛り上がった年でした。

当時、帝国ホテルも他の業界同様、万博の恩恵を受けました。この年の外国からのお客様は前の年に比べて二倍以上に増えたのです。

といっても、このまま右肩上がりが続くとはだれも思っていませんでした。むしろその逆です。万博が終わると客波は引き出し、残ったのは万博需要にかこつけて建設されたたくさんのホテルばかり。また父が社長を退いたのは、新本館建設にともない借金がかさみ、銀行から新社長を迎えるという事情もありました。

帝国ホテルには、明らかな危機が訪れていました。

しかし、ピンチはチャンスでもある。そのややもすれば月並みな言葉が、あの時ほど身に染みたことはありません。帝国ホテルの歴史がどれだけ古かろうと、その名前が世界に轟《とどろ》いていようと、変わらなければわれわれに未来はないのです。

それまで帝国ホテルの主な顧客は、国内外の賓客や常連客でした。彼らに向けて営業し、質の高いサービスを提供すれば、これまで通り、ある程度のことは済みます。しかしこれからは新しい顧客の開拓をしていかなければならないことに気づいたのです。

国内の開拓もさることながら、われわれが目を向けたのは国外――つまり世界の市場でした。

営業活動に本腰を入れるため、全国主要都市に帝国ホテルの案内所をつくり、一九七四年九月には、パリにも案内所を設けました。目的はもちろん、欧州市場の開拓です。欧州ブランドがやがて日本にも進出してくることを想定し、とくにファッションや宝石業界の営業には、「日本にお越しの折は、ぜひ帝国ホテルに来て下さい」と私自ら走り回りました。

声をかけたファッションブランドではクリスチャン・ディオール、ピエール・カルダン、シャネル、ニナ・リッチ、宝飾関係ではショーメ、ヴァン クリーフ&アーペル、フレッドなど……振り返っても錚々たる顔ぶれです。しかし今では信じがたいことに、これらのブランドはヨーロッパではだれもが知る老舗《しにせ》でも、日本ではまだまだ馴染みの薄いブランドでした。

今でも覚えています。アヴェニュー・マルソーにあった、ルイ・ヴィトン。店に入ると床がギシギシ音がするような店で、棚に飾ってあった鞄《かばん》を下ろしてもらう時、店員がホコリをはらってくれました。セリーヌはヴィクトル・ユーゴー通りにあり、フランス人のおばさん二人が、革のバッグと靴を売っている十坪ほどの小さな店でした。

どの店でも日本人客を見かけることはありませんでした。今でこそ日本には世界中のブランドが店舗を構えていますが、このころ日本が最大のマーケットになるとはだれが予想できたでしょうか。

並行して積極的に仕掛けたのが、インセンティブツアーです。

一九七〇年代になって、自動車業界をはじめ多くの日本企業がアメリカ西海岸に進出するようになります。現地で日本製品をアメリカ人のディーラーに売ってもらうのですが、その中で優秀なセールスマンを年に一回日本に招待していました。これがインセンティブツアー、いわゆる報奨旅行です。

ご褒美ですからツアーはゴージャスを極めます。たとえばトヨタなら社長主催で歓迎の晩餐会《ばんさん》があって、ホテルで三泊ぐらい過ごして、豊田市の工場に案内して、もちろん観光もセットされて、至れり尽くせりです。これだけやれば従業員の励みにもなります。

これはビジネスになると思った私は、ツアーの予約を待つのではなく、こちらから営業に出向いたらどうかと考えました。それで単身ロサンゼルスに飛んで、日本航空の支店に協力を依頼したのです。ツアー用の飛行機がチャーターできるのは六月とか十一月のオフシーズンだけでしたが、ホテルも閑散期ですから、この時期に団体客が獲得できれば大助かりです。

ロスはトヨタ、日産、ホンダ、カワサキ、ヤマハ、ブリヂストン、河合楽器、サンフランシスコは小松製作所、日立など、日系企業をくまなくまわりました。ツアー客は夫婦同伴で百組から、多い時は三百組にものぼり、思惑通り大成功を収めます。

こう書くといかにも先見の明があったと思われそうですが、成功したのは時の運もありました。そして何より「帝国ホテルが傾かないために、新しい顧客を獲得せねば」という執念で花開いた気がします。

また欧米ブランドが進出してくれたのも、ツアー客が順調に増えたのも、つまるところ、「帝国ホテル」が信頼に値する商品だったということでしょう。長年、手を抜かずに誠心誠意尽くしてきた姿勢が国外のお客様にも伝わった、と考えるのは決して間違いではないと思います。

サービスに国境はないのです。

外国のホテル文化

再建を目指して世界に営業をかける一方で、外国からいいものは取り入れる「輸入」にも励みました。

外国航空会社が相次いで日本への乗り入れを開始した東京オリンピックのころ、思いついたのが、世界の料理を日本に紹介できないか、ということでした。

「味は文化」と言うように、料理はその国の歴史や文化です。それを知ることはその国を理解することになるばかりでなく、ホテルの料理人たちにとっても貴重な経験になると考えたのです。

そこで実施したのが「スイスフードフェスティバル」でした。スイス航空に、場所は無償で提供するから、料理人と食材を手配してもらえないかとかけあったところ、スイス航空にとっても就航の宣伝になるとあって、一九六五年、一カ月にわたるフェスティバルが実現しました。

とくにスイスの代表的な料理であるチーズフォンデュはたいへん珍しがられ、新聞にも紹介されたほどです。ダイニングルームでは制服姿のスチュワーデス（現キャビンアテンダント）がサービスにあたり、本場のミュージシャンがホルンやチターの演奏をしたり、全館挙げてのイベントは大好評でした。この時に習得したのが帝国ホテルでは定番となっているスワン形のシュークリームです。

この後フードフェスティバルは各国航空会社との共催で、ドイツ、メキシコ、イタリア、フランス、ベルギーと次々に開催することができました。料理人だけではなく、ホテルのスタッフ全員が外国式のサービスと本場の料理を目の当たりにできたことは、貴重な財産になりました。

アメリカから学んだのは、ショーの文化です。

かつてラスベガスに行った時、『オズの魔法使』というミュージカル映画で一躍人気者になったジュディ・ガーランドの舞台を食事をしながら観て、これはぜひ日本でも試したいと思ったのです。またアメリカでは食事つきのディナーショーは人気があるので、これを帝国ホテルに導入できないかと頭をひねりました。

そして企画・演出を東宝の演芸部にお願いして、第二新館の一階を改装。舞台に向かって八十卓のテーブルを並べた「シアターレストラン・インペリアル」をオープンします。名前通り、食事とショーを同時に楽しめる劇場です。

国内初となる第一回のディナーショーは、一九六六年三月一日、雪村いづみさん主演の舞台『チェリーブロッサムショー』で幕が開きました。その後も、前田美波里さん、三浦布美子さんなどが出演し、宿泊客以外の観客も詰めかけるほどの人気を得ました。

その後、宿泊客がショーを観ながら食事をするスタイルは、地方の温泉地の旅館などが取り入れるようになります。国内では帝国ホテルが先駆けでしたが、そのルーツはラスベガスにあるのです。

アメリカからはディナーショーのソフトに限らず、設備面のハードも学びました。たとえば日本では帝国ホテルだけにしかない、新本館のＶＩＰ専用玄関。これはニューヨークのウォルドルフ・アストリア・ホテルを見習ったものです。

ウォルドルフ・アストリア・ホテルは、帝国ホテルとほぼ同じくらいの歴史があり、エンパイア・ステート・ビル同様、ニューヨーク・マンハッタンを代表するランドマーク。

本館とタワーからなり、私は留学中、タワーのフロントで働いていました。
マッカーサー夫妻が自邸として長くホテルに居住していたほか、各国の王族、貴族、元首などの要人はタワーに滞在していました。正面玄関のあるパーク・アベニューと裏側のレキシントン・アベニューの出入り口とは別に、五十丁目のタワーに直結した場所にあったのが、タワーのVIP専用玄関です。

これを真似て、後年、帝国ホテルも日比谷通り側の正面玄関と裏の宴会場の出入り口のほかに、日本で唯一のVIP専用玄関をつくりました。紀宮《のりのみや》様の婚礼の際、皇族方にご利用いただいたり、よく泊まられているベルギーの国王もそこからお入りいただいています。最近では北朝鮮から亡命した元要人がお泊まりになりましたが、そういう場合にも専用玄関は重宝されます（ちなみにお客様用のエレベーターは八台あるうち、四台までが防弾の鉄扉で区切れるようになっています）。

サービスは自分で咀嚼《そしゃく》して工夫を重ねる必要があります。しかしながらディナーショーとVIP専用玄関は、ヒントになったというより、ほとんど真似しただけでした。当時はまだ日本のホテルが欧米に遅れを取っていた時代です。赤ちゃんが親の言葉や動きを逐一真似するように、ある一定のレベルに達するまでは、ただ近づくことを念頭に模倣するだけの時期も必要です。それが身についてはじめて、独自のものを練り上げればよいのです。帝国ホテルにかけがえのない財産を与え、成長させてくれた外国の文化に深く感謝しています。今度は帝国ホテルが有形無形の文化を提供していく番なのかもしれません。

地位に固執しない

いつか社長になろう――。私の会社員人生は、そうした野心とはまったく無縁のものでした。

自分はサービス業に向いていると思うし、ホテルマンという職業に誇りもあった。ゆえに、私は現場に立ってサラリーマンを全うする人間だと考えていたのです。副社長時代に考えていたのは社長の座を射止めることではなく、「いかにして客室を埋めるか」ばかりでした。

それが人に求められるまま、社長に就任したわけです。だから地位に固執するつもりはさらさらなく、当時膨らんだ会社の借金を全部返したら辞めようという腹積もりでした。

結局、就任した九年後の一九九五年、借入金はゼロになります。それで十年目に退任すれば、私の帝国ホテル在籍年数四十七年に父の在籍年数五十三年を足して、二人あわせて百年とキリもよい。そんな考えもよぎったのですが、翌年、帝国ホテル大阪の開業を控えていたため、「後は任せた」と辞めるわけにもいきませんでした。結局、退任したのは社長就任十一年目の一九九七年のことです。

私はそこできれいさっぱり身を引くつもりでした。しかし急にいなくなると困るお客様もあるのではと、残務整理と引き継ぎのため、非常勤の顧問として会社に残ることになります。私は相談役という役職も「何も相談することなんてないじゃないか。自分は御免だ」と普段から思っていたぐらいなので、顧問という立場もむず痒《がゆ》いものがありましたが二年だけで顧問を退き、もろもろから解放されます。

私からすればずいぶん時間がかかった気がするのですが、周りから見れば――とくに社長退任の時は――あまりにあっさり辞めたように映ったようです。「あんなにすっぱり退任するなんて、何か悪いことをしたんじゃないの?」と白洲正子さんから聞かれたこともありました。

私は「辞めた人間は黙って見ていればいい」と考える人間ですが、定年を迎えた後も相談役だの顧問だの、会社とつながりを持とうとして、あっさり辞めない方の心情はなんとなく察します。

それは本質的な意味で、仕事で完全燃焼できなかったのでしょうか。「まだ俺にはあの仕事ができる」「あのまま続けていればお金も入ってくる」というさまざまな未練があるから、かつての地位に固執してしまう。

その点、私には後を継いでくれる優秀な人材があり、安心して身を引くことができました。日々、何も後悔が残らないほど仕事に没頭する。その姿勢を維持できていれば、会社を去ることは残念なことではありません。むしろ健やかな気持ちで新しいスタートが切れるはずです。

すっかり仕事から身を引いた今は、快適な生活を送っています。決められたスケジュールはないから、朝起きて「さあ今日は何をしようか」と考える、この時間が実に楽しいのです。リタイアして自分の自由な時間を持つことは、役職や肩書きを持つことよりも贅沢だなと思えます。

ライト館の解体

一九六七年十一月十五日は帝国ホテルにとって忘れることのできない日です。それはライト館が全面閉鎖した日でした。

ライト館とは、帝国ホテル百二十年の歴史の中でも、とくに大きな役割を果たした建物です。先にも述べましたが帝国ホテルは開業当初、外国人賓客の訪日が安定しなかったため、必ずしも経営は順調ではなかった。そこで一九〇九（明治四十二）年、支配人に抜擢された林愛作が、洗濯部やホテル内郵便局を設置したり、自家製パンを製造したりするなど、数々の改革によって事業を軌道に乗せます。さらに林が帝国ホテルを世界に通用させるべく、新しい顔として建設を決めたのが新館であるライト館だったのです。

この新館の設計を担当したのが、建築家フランク・ロイド・ライト氏でした。ライト氏は絨毯、カーテン、家具、食器類にいたる調度品まですべてをデザインし、その並々ならぬこだわりが随所にみられる建築は、自然と「ライト館」の名で呼ばれるようになりました。

このライト館の落成記念式は、一九二三（大正十二）年九月一日。奇しくも関東大震災が首都東京を襲った日です。近くの官公庁、帝国劇場など、多くの建物が焼失・倒壊する中、地上三階（中央棟五階）、地下一階建てのライト館だけは、ほとんど被害を受けませんでした。というのも日比谷界隈は地盤が軟弱であるため、耐震防火に配慮した「フローティング・ファンデーション（浮き基礎）」という工法で建てられていたからです。

しかし、栄華を極めたライト館も、やがて落日が訪れます。私が働きだしたころ、ライト館は肉眼でわかるほど変形していました。周囲にいくつものビルが建つようになって地下水が抜かれ、重みで中央部が沈んだライト館全体に歪《ゆが》みが生じたのです。ダイニングルームの入り口にゴルフボールを置けば調理場まで転がり、雨漏りも深刻で、雨が降るたび従業員がバケツとモップを手に走り回る有り様でした。

はたして一九六六年、ライト館の解体と新本館の建設が取締役会で決まります。ライト館の竣工《しゅんこう》から四十三年、ライト氏の死去から七年後の出来事です。

取り壊しが報道されるや、反対の世論が一気に広がりました。有識者を中心に「帝国ホテルを守る会」が結成され、政府や東京都知事に要望書が提出されたかと思えば、ロビーでは解体反対グループの集会まで開かれ、抜き差しならない事態です。

彼らはこのように主張しました。

「ライト館はライト氏が設計した生涯で唯一のホテルである。そのような重要文化財を解体してよいのか？　一度壊したものは二度と修復できないのだ」

しかし、当時社長だった父は記者会見を開いて弁明しました。「今までだましだまし使ってきたが、今やライト館は崩壊寸前にある。ひと押しすれば崩れてしまうかもしれない。お客様に万一のことがあってはならない。無念ではあるが、解体を認めてほしい」。

一社員であった私はどう感じていたか？　ライト館は私の職場であり、学び舎《や》でもありますから愛着がないはずがありません。しかし父親と同じく、取り壊すべきだと考えていました。経営側の観点で言えば、何度も補修を繰り返し、出費を重ねることは株主に迷惑をかけることになります。そしてそれ以上に懸念していたのが、地震や火事が起きた時、宿泊客の生命を守れる保証がないことです。ホテルマンには何よりもお客様のことを優先する感性が染みついています。だから、父の決定に異論はありませんでした。

記者会見の二日後。都から新本館の建築確認が下り、その六日後の十五日に全面閉鎖が決定します。最後の夜、ライト館は満室でした。長い間ライト館に住んでいた、「旦那」ことオペラ歌手の藤原義江さんと女優の田中絹代さんが、レストラン「プルニエ」で食事をしながら、思い出話にふけっていました。

解体工事が始まる十二月一日の朝には、私が生まれるずっと前から働いていたグリーター（お客様お出迎え係）の西田芳夫さんが、東宝に面したグリル入り口にある回転ドアの真鍮の取っ手をいつもと同じように丁寧に磨いていました。その時の西田さんの姿は、昨日のことのように思い出します。こうして、ライト館四十四年の歴史は静かに幕を下ろしたのです。


それから三年後の一九七〇年、新本館がオープンしました。地上十七階、地下三階、客室数七百七十七、一日に二十二組の結婚披露宴ができる宴会場を備えた巨大な建物です。

そして同年十一月、ひとつの務めを終えたかのように、父・徹三が社長を退任し、半世紀に及ぶ帝国ホテルのホテルマン人生に終止符を打ちました。

大きな決断は時に反発を招き、囂々《ごうごう》たる非難を浴びることがあります。しかし日和見《ひよりみ》主義で、世論に媚《こ》びていても問題は解決しません。悪役になることを恐れず、顧客の安全を慮《おもんぱか》って信念を貫いた父に、私はホテルマンの矜持《きょうじ》を感じるのです。

※なお、ライト館の中央玄関部分は現在、愛知県犬山市の博物館明治村に移築されています。

第六章 ふるまい

勲章

これまで私はいくつかの勲章を頂戴しました。

勲二等瑞宝章をいただいたのは、橋本龍太郎さんが総理大臣の時です。橋本元首相は私の慶應の後輩で、奥さんは家内の妹と同級生という関係でした。それにお父さんの橋本龍伍さんは帝国ホテルの「プルニエ」をよくご利用くださって、当時、接客サービスの女性キャプテンだった林喜美さんをずいぶん可愛がっていただいた縁があります。

勲二等は日本ホテル協会が申請したのでしょう。ホテル協会は運輸省の管轄で、はじめに運輸大臣表彰というのを授与されました。そして河野洋平《こうのようへい》さんが外務大臣だった時に飯倉公館で外務大臣表彰の授与式もあった。こうした大臣表彰があったことが勲二等の叙勲につながったようです。

各国との文化交流に貢献したということで、外国からも勲章をいただきました。最初はフィンランドで、それからイタリア、ノルウェー、ベルギー、そしてフランスです。

外国の勲章授与式というと、いかにも厳粛な儀式を想像するかもしれません。しかしどれもたいへんシンプルでフレンドリーなものでした。

フランスの時は、大使館からいきなり電話がかかってきました。

「あなたに勲章を授与することになりました。幾日と幾日は都合がいいですか？」

日にちを伝えると、知っている人を十五、六人呼んでもかまわないと言います。結局、当日は家内と長男と三人で大使館に出向きました。すると「これこれこういう理由であなたに勲章をさしあげます」と説明があって、シャンパンで乾杯しておしまい。ホームパーティーに毛が生えたような感覚でした。

「勲章をもらったんですか？　早く言ってくれれば、お祝いの準備をしたのに」と知人からは言われましたが、事前にどうのこうのという連絡や手続きが一切ない。だから本人も直前までわからないのです。

愛想がないと言ってしまえばそれまでですが、ことさらセレモニーをして騒ぎ立てるほどのことでもないでしょう。なぜなら、勲章はそれまでのその人なりの貢献や功績に対して感謝の心とともに授与されるものなのですから。ホテルのサービスと同じように、押しつけがましくなく、さりげなく行うのがいいのです。

気配りが行き届いて、ドライ。嬉しいのは、そんなマティーニみたいな受動です。

白洲次郎さんの思い出

〝ジェントル〟という言葉を聞いて思い出す人。それが白洲次郎さんです。

先にも述べましたが、サンフランシスコ市立大のホテル・レストラン科に留学していた時のこと。父から「次はニューヨークのコーネル大学のホテル経営学部に行くように」と連絡が入りました。その指示に従って準備を始めだした一九五一（昭和二十六）年八月末、働いていたマーク・ホプキンス・ホテルのオーナーからこう言われたのです。

「対日講和条約の会議で日本全権団がこのホテルに泊まることになった。日本語ができるのは君しかいないんだ。もう少し残ってくれないか？」

思いがけない誘いでした。このような歴史的な出来事に裏方として立ち会う機会はめったにない——私はしばらく友人の家に留《とど》まることにしたのです。

これは大仕事でした。吉田茂首相以下、星島二郎、苫米地義三、徳川宗敬、池田勇人、一万田尚登……。全権団は総勢四十人を超える大所帯。朝食のサービスから各部屋の清掃、洗濯物の仕分けにいたるまであらゆるお世話に走り回りました。

そこで出会ったのが、全権団の顧問として随行してきた白洲次郎さんです。

初めての会話は今でも覚えています。働いている私を見つけて、「お前、ここで何をしているんだ」と聞かれたので、私が自己紹介すると、「犬丸？　ああ、帝国ホテルの犬丸の息子か」。

白洲家は江戸時代から三田《さんだ》藩主九鬼《くき》家に歴代儒学者として仕えた家柄で、白洲さんは三田藩の家老にまで上りつめた祖父・退蔵氏、ハーバード大学を卒業した父・文平氏の血を引き継いだ秀才でした。さらにケンブリッジ大学仕込みの流暢《りゅうちょう》な英語、そして英国紳士のような立ち居振る舞いは、全権団の中でもひときわ目立っていました。

白洲さんは、まず見た目がダンディーです。私よりふたまわり年上ですが、いつも背筋がピンと伸びて姿勢がよかった。

デザイナーの三宅一生さんが、奥さんの白洲正子さんの弟子だったため、軽井沢ではイッセイのしゃれたシャツをよく着ていました。スタンドカラーのシャツなんて着こなせなかったあの時代に、白いズボンを穿《は》いて、背が高かったから、それは実に格好よかった。

また当時はゴルフ場でラフな格好に寛容な時代だったため、白洲さんはTシャツの背に「PLAY FAST」と書いてマナーを訴えたりしていたものです。軽井沢のゴルフ倶楽部でイッセイのシャツとパンツに足もとはゴム草履《ぞうり》という姿だった時、それを見た私の家内が「あら、白洲さん、水虫なの？」と冗談を言ったら「バカヤロウ」のひと言で終わり。

でもそれがいいんです。風呂上がりにスーツを着る必要はないし、紳士淑女が年中かしこまっているわけではない。TPOを心得ていて、格好が「様」になっていることが重要なのです。

もちろん白洲さんの魅力は見た目だけではありません。忘れられないのがそのユーモアセンスです。

白洲さんが理事長をされた軽井沢ゴルフ倶楽部での逸話はたくさんあります。

あのころ、軽井沢への汽車は上野から出ていて、白洲さんと車内でバッタリ出会ったことがありました。立ち話をしていると、佐藤栄作総理の秘書が近づいてきて「白洲さん、総理の隣の席が空いておりまして、軽井沢までいろいろお話を承りたいと言っております」と誘われたのです。そこで言ったのが、「イヤだよ。だれかが鉄砲で狙って、はずれりゃ俺に当たるじゃないか」。

その佐藤さんの紹介で、軽井沢ゴルフ倶楽部のメンバーになったのが田中角栄さんです。私が白洲さんとテラスでビールを飲んでいたら、テラスの下から「あ、白洲さん」とキャディーと一緒に歩いていた角栄さんが挨拶しました。すると白洲さんは、

「お前、スパイクよりも地下足袋のほうが合ってるんじゃないか」

こういうことを言っても少しも嫌味に聞こえないのが、白洲さんの人柄でした。

そして私が白洲さんに〝ジェントル〟を強く感じたのは、マナーに厳しかったことかもしれません。クラブハウスは会員と会員の家族と、ゴルフプレイヤーしか入れない規則だったのですが、中曽根康弘《なかそねやすひろ》さんが首相のとき、SPや新聞記者が一緒になってぞろぞろと入ってきたのです。すかさず白洲さんは「おい、みんな出て行け！」と一喝。クラブハウスに入れさせませんでした（この後、コースの外から中曽根さんを双眼鏡で追うSPを見て、白洲さんが、「バードウォッチングかね」と毒づいていました。当時「風見鶏《かざみどり》」と呼ばれていた中曽根

さんを皮肉ったわけです)。

またクラブハウスの洗面所のタオルには、「持ち出し禁止」の札がかかっていたのですが、首相になる前の田中角栄さんがそれを拝借してコースに出たことがあります。白洲さんは「角栄! お前日本語読めないのか」と怒っていました。そこですぐ謝ることができる素直な角栄さんを白洲さんは可愛がっていたものです。相手が政治家だろうと財界人だろうと、マナーが悪ければ容赦しませんでした。

強く印象に残っている、白洲さんの言葉があります。私が社長になるちょっと前、白洲さんが私のオフィスにふらりとやって来て、こう言ったのです。

「そのうち社長になるんだろ? いいか、地位が上がれば役得ではなく〝役損〟ということを覚えておけ。上の人間がおかしなことをすると、下もそれを真似しようとするからな。むしろ、役損のほうが多いんだ」

地位や立場が上がったからといって、調子に乗って公私混同しない。リーダーは自らを律する。何ごとにも理不尽を許さない。白洲さんの流儀がつまった忠告でした。

白洲さんが亡くなられる日の朝、私は夫人の正子さんから「もうダメなのよ」と電話をいただきました。急いで病院に行き、いったんホテルに戻って正子さんのために「きよ田」の寿司を届けてあげたのです。その夕方、今亡くなったと連絡が入って……。御自宅へ伺ったら正子さんが「これが遺言よ」と見せて下さったのが「葬式無用　戒名不要」の二行です。プリンシプルを重んじた白洲さんらしい言葉でした。

スマートでユーモアがあって、地位に溺《おぼ》れない……どれも「紳士」に欠かせない要素ですが、忘れてはいけないことがもうひとつ。シーズンオフになると白洲さんは必ず軽井沢を訪れて、グリーンキーパーの人たちを集めて一杯やっていました。このさりげなく気配りできるやさしさ。これを備えてはじめて紳士と呼べるのではないでしょうか。

紛れもなく、白洲さんは紳士でした。

金の貸し借りはしない

皆様もお気づきかとは思いますが、ホテルは非常に金のかかるビジネスです。

というのも土・日・祝日やお盆休みなどがある一般の会社とは異なり、ホテルは一年三百六十五日二十四時間、ずっと動いている。とくに配管や給排水のパイプは、一日せいぜい十時間くらいしか使わないビルと違って、二十四時間フル稼働ですから同じ設備でも傷み方は倍以上も早く駄目になるものがあります。

またその時代時代の流行にも乗り遅れないようにしなければいけません。電話やテレビなどは年々新しいものが出てくるし、アメニティグッズも昔は石鹸《せっけん》で頭を洗っていたのが、今はシャンプー、リンスは当たり前で、ブランドもののオーデコロンまであります。絨毯だって擦り切れたものをそのままにしておくことはできないし、カーテン、ベッド、お風呂場のタオルもまた然り。頻繁に替えなければならないものがいっぱいあるわけです。

私が社長に就任した一九八六年、帝国ホテルは約二百三十五億円の債務を抱えていました。新本館に続き、インペリアルタワーを開業して、先行投資が重なったためです。新社長の私が真っ先に取りかかるべき仕事は、財務状況の立て直しでした。

当時の日本はバブル華やかなころです。黙っていても「ホテルをやらないか」「レストランを出さないか」といろいろな話が持ち込まれました。しかし、私はこうした誘いを全部お断りしたのです。

もちろん事業は借金しながら経営を回していく選択肢もあります。それが標準といってもいいかもしれません。しかし私が立てた方針は、できるだけ早く借金をゼロにすることでした。まずは身軽になる。それから何かを始めようと考えたのです。結局、他に一切手を出さなかった結果、当時は業績がよかったことも手伝い、予定より早く借金を返すことができました。

もともと私は金の貸し借りが好きではありません。これだけ生きていると、さまざまな事情を抱えた昔の友だちの中から、お金を貸してくれと言われることがあります。そうした時、私は——余裕があれば、ある程度ですがあげてしまうのです。借りた金をすぐに返せるわけがない。だから、あげてしまうのです。貸したほうも借りたほうも、双方にとって心の負担を抱えてよくないからです。

与えるということでは、基金も同じです。

私がホテル業界で働こうと決意したのは、コーネル大学のホテル経営学部に一年間留学していた時でした。ここの講義は本当に充実しており、ホテル建築や機械系統は設計図の見方から、会計は基礎から実務までを教わりました。ホテルとは何か、私はここで一から叩き込まれたと言っても過言ではありません。

先にも述べましたがこのホテル経営学部は、スタットラーというホテルチェーンをつくった、ミスター・スタットラーの遺産によってできたスクールです。このような後継に道をつくる活動に対して私は感謝しており、自分も何かの形で恩を返したいと思っていました。

そこで一九八一年、父が九十三歳で亡くなった時、父の遺産の中から帝国ホテルの株十万株を、お世話になったコーネル大学に寄付したのです。そして「校舎を増改築する時は売って役立ててください」と言ったところ、二百二十万ドルほどになった。そこで私は、そのうちの二十万ドルを「イヌマルファミリースカラシップ基金」として活用してもらうようにしたのです。対象はホテルスクールの学生で、国籍は問いません。奨学金の額は、一年に一人あたり一万五千ドル。きっと運用がうまいのでしょう、設立からもう三十年近くたっています。

アメリカには、こういったファウンデーション（基金）や寄付でできたビジネススクールがたくさんあるのです。日本ではあまり寄付の文化は根付いていませんが、身の丈以上の財産を所有していても詮無い気がします。必要としている人がいるなら、与えてしまえばいいのではないでしょうか。

かつて私はもらったから、今度は人に与えた。私からもらった人は、また人に与えると考えたい。物事はそうやって循環していくのであって、自分だけ貯め込もうとしてはいけません。人に与えなければ自分には何も還《かえ》ってこない、という教えは真理である気がします。

身だしなみの作法

着物を着て下駄を履いている人がいます。

その格好に、私は違和感を覚えます。というのも、着物を着たら下は足袋《たび》と草履。素足に下駄でいいのは浴衣《ゆかた》だけなのです。

「下駄だろうが草履だろうがどちらでもいいだろう」と気にしない人もいるかもしれませんが、私はその意見には頷けません。なぜならものごとには道理があり、服装にも道理

――TPOに応じたルールがあるからです。

法事にTシャツとジーンズを着てくる人はいないし、家でリラックスした時間を過ごすのにタキシードを着る人はいません。極端に言ってしまえば、そういうことです。ところがその道理をわきまえないことが、日常社会で平気で行われています。

例に挙げた和服に限らず、普段着る機会の多い洋服でも同じです。洋服は日本固有の文化でないため、ルールが都合よく曲げられることがありますが、オリジナルのルールを尊重しなければいけません。

装いに関して、私が普段感じていることを挙げると――。

昨今、ネクタイをしないで外国に行く外務大臣がいます。しかし、背広を着てネクタイをしないで公の場に出るのはいけません。上着とズボンが同じ生地でつくられている背広を着る時は、シャツにネクタイをするのが常識です。

省エネルック、エコファッションと称して、ノーネクタイデーを設ける会社が増えているそうですが、そのこと自体は別にいいのです。ネクタイをしないのであれば、上着だけを替えればいい。

また、背広は立ったら前のボタンをかけること。ヴェストを着けている時や座っている時はかまいません。


パーティーで何を着ていくかは、悩める問題です。

そういう時は、まず招待状や案内状のドレスコードを見ましょう。「ホワイトタイ」と書かれていれば燕尾服《えんびふく》、「ブラックタイ」ならタキシード、「カジュアル」と書かれてあればノーネクタイのジャケットでもいい。何も書かれていなかったら、スーツで。

立食の気楽な集まりと違って、着席する会食の場合は、身なりに気を配ってきちんとして行かなければいけません。


映画に出てくるシャーロック・ホームズやエルキュール・ポアロといった名探偵はイギリス紳士の代表として扱われています。彼らが着こなしているのは、三つ揃え——いわゆるスリーピースです。

背広はロンドンの「サヴィル・ロウ」という仕立屋街で誕生したもので、当初はウェストコート（チョッキ）を加えた「三つ揃え」が正統派のスーツでした。そのチョッキをはずして簡略化したのがツーピースです。

結婚披露宴の時に、黒っぽい背広を着て、白いネクタイをしている人がいます。これは外国人から見ると違和感がある（こうした場では洋服文化の国ではほとんど真っ白いネクタイをしません）。

おそらく、最上級の正装である燕尾服のことをドレスコードで「ホワイトタイ」と明記されているのを、日本人は「白のネクタイ」と解釈したのでしょう。これは正式には「白い蝶《ちょう》ネクタイ」のこと。ドレスコードに「ブラックタイ」とあれば燕尾服よりもカジュアルなタキシードで「黒い蝶ネクタイ」なのです。

モーニングも同様です。ズボンは縞《しま》ズボンですが、私は黒地にシルバーグレイのストライプのものと、ちょっと薄めの黒地に黒のストライプのものの二種類を持っています。要するに、黒っぽい縞ズボン（葬儀用）と、もうちょっと明るい感じの縞ズボン（祝事用）と穿きわけているのです。

ものごとの基本を知っておくことは大事です。食べ物や着るものはその国の文化そのもの。帝国ホテルのように世界中から訪れるお客様へのホスピタリティーとしても、その文化としての道理をわきまえておくことはとても大切なことだと思います。

イタリアで服を買う理由

イタリアは魅力の尽きない国です。

私とイタリアのつきあいは半世紀以上にわたります。最初に訪れたのが一九五二年。回数は数えていませんが、かれこれ三十回くらいは行ったのではないでしょうか。

どの街にも史跡が多く、国そのものが世界遺産のような土地で、ホテルも古い建物なのに、家具や調度の色彩に明るさがあります。人々が陽気なのもいい。またフランス料理は二日続くともう十分と思ってしまいますが、イタリア料理はバリエーションが豊かでいくら食べても飽きがきません。

中でも私が深く敬愛するのが、イタリアのファッションです。

私が身につけている物のほとんどは、ローマで購入したものです。スーツで贔屓にしていたのはアンジェロでした。今度いつ行くからと先に生地見本を送ってもらい、生地を選んで送り返しておくと、当日仮縫いができています。アンジェロの職人たちは、客が普段ポケットに何をどれくらい入れているのかを調べ、ズボンは靴のかかとの高さを調べてから仕立てる仕事ぶりでした。結果、しわになりにくく、ハンガーに掛けておくとプレスもほとんど必要ないほどです。

しかしアンジェロは閉店してしまったため、一九八〇年からはスーツはブリオーニという店で求めています。ブリオーニは最近、銀座に店を出し、昔ローマで買ったジャケットを着ていったら「犬丸さん、これローマですか?」と聞かれました。色が違うのでわかるのです。「よく持ってらっしゃいますね」と感心されましたが、いいものは二十年でも三十年でも持つものです。

ワイシャツは、イッパスでつくっていました。イタリアのワイシャツは下着扱いのため、胸ポケットが付いていません。しかし下着だからといって雑な製造ということはなく、春夏秋冬、異なった生地でつくります。

イッバスでは仮縫いの時、客をソファに座らせて、お腹がいちばん出っ張っているところからボタンを付けていきました。ですから、仕上がったシャツはどんな姿勢であっても苦しくはなりません。それに、この店のシャツはボタンの穴が三つしかないのです。当時は二つと四つのものは機械仕立てのものだったので、それが手縫いの証拠でした。そのことを自慢していた主人が亡くなって、今は店を閉じてしまいましたが……。

靴はテストーニです。ここで履いてみて、ああいいなと思ったら、同じものをもう一足買うことにしています。それを交互に履く。これが気にいったものを長持ちさせるコツで、長期的に見れば経済的なのです。

たまに「すごいこだわりですね」と言われますが、私のこだわりなんて大したものじゃない。本当にすごいのはブリオーニの職人たち、イッバスの主人といった職人の仕事へのこだわりです。彼らがお客様へ向ける関心と思いやりに惚《ほ》れ込んで、私はイタリアで洋服類を購入しているのかもしれません。

イタリアに行くと、職人のこだわりが文化を支えていることを実感します。同様にホテルマンも仕事にこだわることで、そのホテルを、ひいてはその土地、その国の文化を爛《らん》熟《じゅく》させていけるのではないかと期待せずにはいられません。

外国のホスピタリティー精神

「それいゆ」という雑誌をご存じでしょうか。かつて人気のあった女性雑誌で私と妻の伊津子が知り合うきっかけをつくってくれた雑誌でした。

財界の子女の一週間を追うというグラビア企画で、それを読んだ母がそのお嬢さんを気に入り、知人を介して私とのお見合いを申し込んだのです。私は二十八歳になっていましたが、それまでにも見合い写真を何度か見せられて、いささか閉口していたころです。

富士写真フイルム（現富士フイルム）の専務・小林節太郎氏（後に社長・会長）の長女で、聖心女子大二年生だった妻は、私同様、この見合いを喜びませんでした。しかし親同士の意向もあって、一九五四年の春、銀座の「竹葉亭」で見合いすることになったのです。

そのように最初はお互い乗り気ではなかったけれど、伊津子の兄・陽太郎君（富士ゼロックス元会長）、弟・奎二郎君、俊三郎君ともに慶應の後輩にあたり、みんなで遊んでいるうちに本人同士もだんだんとその気になっていきました。そして一九五四年十一月二十五日、私たちは結婚したのです。妻は考え抜いた末、「勉強と家事の両方はできない」と大学をやめてしまいました。

披露宴は、帝国ホテル。会場には、ひな壇を設けず、大きなメーンテーブルに私たちと主な列席者が座り、合計三百人ほどの宴でした。

妻との思い出は、いろいろあります。とくに海外には夫婦でよく出かけました。国際社会では夫婦同伴が常識なので、海外での会議に出席するため、一緒に出張することが多かったのです。

夫婦で訪れた国は三十カ国近くになります。最初に妻をつれて海外に行ったのは一九五八年の九月、アメリカンプレジデントラインの客船で、マニラ、香港を旅しました。翌月には旅客機でホノルル、サンフランシスコへ。ヨーロッパに行ったのは一九六二年です。

当時、航空会社は日本航空、ノースウエスト、パン・アメリカンしかなく、しかもプロペラ機DC－6Bでした。海外旅行が飛躍的に発展するのは、一九七〇年、パン・アメリカン航空のボーイング747ジャンボ・ジェット機の就航を待たねばなりません。アメリカ本土に渡るには途中、北太平洋のウエイキ島とホノルルの二カ所で給油する必要があり、たいへんな時間がかかったものです。それでも、この八年前の留学の時は飛行機ではなく、サンフランシスコまで船で二週間もかかったことを思えば、隔世の感がありました。私がニューヨークからフランスへ船で行ったのは、大西洋をパリまでノンストップで飛べる民間の航空機がなかったからです。

さて海外出張すると、私は仕事で会議に参加します。その間家内が何をしているかというと、奥さん同士のツアーに参加したりしていました。奥さんは奥さんでつきあいがあるわけです。一方、私は観光旅行はほとんどしたことがありません。三十回以上訪れたフランス、イタリアでも、有名なモンサンミッシェルやピサの斜塔には行ったことがないし、リヨンにも行っていない。スイス、ドイツ、デンマーク、フィンランドもずいぶん行きましたが、ほとんどが仕事目的でした。

海外では夫婦同伴のパーティーが必ずと言っていいほど開かれます。国内にいても月に三〜四回は各国大使館などのディナーに招かれ、その都度、家内を伴って出席していましたが、こうしたパーティーでは、日本の結婚披露宴のように夫婦が隣り合わせで座るということはめったにありません。

結婚パーティーでも、旦那さんと奥さんは別々に座ることもあるぐらいで、立食パーティーやカクテル・パーティーも、二人でずっとくっついているわけにはいきません。向こうから挨拶に来るし、こちらからも挨拶に行く。気がつけば家内も他の方たちと会話を交わしています。

おそらく夫婦が一緒にいると、他の人との会話がしづらいという配慮から、席が離れたりするのでしょう。ホスピタリティー精神というか、胸襟を開いているというか、第三者に対して気配りされた、合理的な社会習慣が定着しているように思います。

海外のパーティーでは、夫婦で参加しても、現地では行動は別々。それが日本では、一緒に出かけるのは恥ずかしいとばかり、移動中は夫婦でよそよそしい態度をとりながら、いざパーティー会場につくと知り合いが少なくて、奥さんの近くに身を寄せる亭主が少なくないのではないでしょうか。まだまだ日本は大人の自立度が低いのかもしれません。

しかし子育てをしながら、海外出張や大使館のディナーについてきてもらった妻には、相当の負担をかけたと思います。その感謝もあって、今、妻の言うことはなるべく聞くようにしているのです。

プライベートで仕事の話をしない

何をもって紳士とするか。何をもって淑女と呼ぶか。

私は自分自身を棚に上げてそんなジャッジをするのは本来はイヤなんです。また、その定義は難しいところですが、この年齢になったということもありますし、あえて言わせていただくとしたら、それは儒教の説く「仁・義・礼・智・信」の五常の徳が近いでしょうか。「人にやさしくしているか」「弱い者いじめはしていないか」「年長者を敬っているか」「約束は守っているか」「嘘《うそ》をついていないか」という、人としての倫《みち》を他者に対してきちんと守っている人ということになるかもしれません。

そんな徳を感じさせる、紳士、淑女と呼ぶに相応《ふさわ》しい人たちに、これまで少なからず出会ってきました。

すぐに思い浮かぶのが、オペラ歌手の藤原義江さんです。大倉喜七郎さんやNHKがスポンサーとなって帝国ホテルで暮らしていました。

藤原さんの人生は波瀾万丈《はらんばんじょう》だったようです。スコットランド人の父と琵琶《びわ》奏者の母の間に生まれ、若いころはたいへんに苦労されたと聞いたことがあります。その後はイタリアに留学し欧米で名を馳《は》せて、「我等のテナー」と評されるようになりますが、幸福な晩年を送ったわけではありませんでした。後ろ盾だった大倉さん、資産家の一族だった奥様が亡くなられると、資産が潤沢ではなくなり、さらにパーキンソン病に苦しんでいた姿もお見かけしています。

しかしそうした様子を表では一切見せず、いつも背筋がピンと伸びていて、まっ白の麻のスーツを着こなしていました。そういう服装の時はシワになるからとなかなか座りません。

そうした繊細さがある一方、細かいことを気にしない性格で、季節はずれに牡蠣《かき》が食べたいと言い出して厨房を悩ませたこともあります。豪快さ、そして芸術への造詣の深さは、通称である「旦那」そのものでした。

一九七六年、七十七歳で日比谷病院で亡くなりますが、お気に入りだった「ナポリの海に散骨してほしい」という遺言を聞いて、「最後まで粋な方だった」と思ったのは私だけではないでしょう。

藤原さんと家が近所だった関係で、帝国ホテルを利用されるようになったのが、女優の田中絹代さんです。かなり長い間住んでいらしたこともありますが、いつも和服姿のもの静かな方でした。洋服姿の田中さんを私は一度として見たことがありません。

今年（平成二十四年）九十二歳になられる森光子さんも、ご自宅の改築工事の間、または『放浪記』を上演する期間は芸術座がすぐ近くなので帝国ホテルに滞在されていました。森さんは裏千家の千嘉代子さんの元秘書で、千さんも帝国ホテルを定宿にしていらしたため、森さんとは長いおつきあいになります。出席者が千名を超えた二〇〇六（平成十八）年の森さんの文化勲章受章パーティーは、東宝との縁もあり、帝国ホテルを使っていただきました。だれからも慕われる森さんの凜《りん》とした人柄は、裏千家の厳しい躾《しつけ》の賜物《たまもの》でもあるのでしょう。礼儀作法はもとより、人に対する控えめで細やかな心配りが感じられます。

国連難民高等弁務官をされていた緒方貞子さんは、私よりひとつ年下で、結婚されるまでご近所づきあいをしていました。お義父さんの緒方竹虎さんと私の父・徹三は一橋大学の同窓生というご縁もあり、聖心の女学生だったころ、田園調布のテニスクラブでよく一緒にテニスをしたものです。当時私が「おい、貞《サダ》」なんて呼んでいたことも、今は懐かしい思い出です。

私がお会いした方々はそれぞれの分野で活躍されていましたが、親しくおつきあいをさせていただくわりには、仕事の話はしなかったように思います。

白洲次郎さんから、鶴川（町田市）のご自宅の畑で野菜をつくっていた話や軽井沢ゴルフ倶楽部でのエピソードを伺うことはあっても、サンフランシスコ講和条約締結の舞台裏の話をご本人から一度として聞いたことはありません。緒方貞子さんがサラエボの紛争地帯を十五キログラムの特製防弾チョッキを着て歩きまわったというようなことはニュースで知ったことで、ご本人からは話されません。緒方ご夫婦と食事をする時も、「このお店の××はおいしい」とかというような他愛ない話が多いものです。

これを水くさいと感じるかどうかは、また別問題ではないでしょうか。それぞれが専門の仕事に励んでいる以上、門外漢には難題であることが多いし、話の内容いかんでは自慢話にもなりかねません。

相手を思いやる心があれば、プライベートのつきあいの中で仕事の話はタブーといえます。それが礼儀であり、大人としてのたしなみなのかもしれません。

チェックアウト――後悔しない生き方

ホテルはお客様相手の商売である以上、多くの方々に満足していただけるものを提供しています。

しかしホテルはいろいろなお客様がいて、どのお客様にも百パーセント満足していただくのは難しい。同じカレーを出しても、甘いという人もいれば辛いという人もいる。おいしいと満足する人もいれば、口に合わないとおっしゃる人もいるかもしれません。味に関しては、十人十色どころか、万人万色です。

そこでわれわれホテルマンは、平均点を上げることに尽力します。帝国ホテルのカレーは一種類しかありません。それは世界でいちばんおいしいカレーというより、世界で一人でも多くの人――つまり最大公約数に「おいしい」と言っていただくことを目指したカレーなのです。

百パーセント満足していただけるサービスが難しいのであるなら、われわれホテルマンはできるだけ多くのお客様に満足していただくためにはどうすればいいかを考え続けていくことしかありません。あるお客様から百点満点をいただいたとしても、他のお客様からしてみれば五十点かもしれない。人は百人百様だということを決して忘れてはいけないのです。

だから私は「究極のサービス」という言葉が好きではありません。なぜなら究極ということは、そのサービスがゴールを迎えたということ。しかしその考え方は、驕りにしか思えない。

サービスに終点はありません。時代がどんどん新しくなり、それにつれて、ホテルマンも常に新しいもの、よいものを取り入れていく。それはお客様のためにも、そしてスタッフ自身のためにも。そうすると次第にサービスの内容が変わっていきます。結果、サービスが進化していくのです。

しかしこれ以上のサービスはない、ということは、それ以上の探究をやめるということになります。ですから、サービスに「究極」はあり得ないのです。

この年になって思うのは、百点満点のサービスがないように、百点満点の人生もないということです。

裕福な家庭に生まれた。学校で常に成績優秀だった。首席で卒業して一流企業に入社した。出世して高給取りになった。そうした人生はある意味で完璧なのかもしれませんが、そんな夢のような人生を送っている人は、周りを見回してもまずいません。家庭では何かがぎくしゃくしていたり、学校に行けば苦手な科目があり、就職活動も第一希望の会社に採用されなかったりする。生きていれば、どこかで躓《つまず》くものです。

帝国ホテルの社長を務めたから私も成功者のように思われますが、学校で勉強ができたわけではないし、若いころに憧れたミュージシャンの夢は諦めたし、車で事故に巻き込まれ死んでもおかしくない重傷を負ったこともあります。帝国ホテルの経営だって伸び悩むこともあれば、集団赤痢が起きて信用を落とすこともあった。失点を何度も重ねながら、それでもなんとかやってきたわけです。

ただ振り返ってみて、私としては自分の人生に満足しています。それは失敗しないで百点満点を勝ち取ったからではなく、「ああすればよかった」「こうすればよかった」と悔やむことがないからです。

ホテルマン時代は仕事に手を抜かず、その日その日、懸命に働いてきました。しかしお客様もいろいろですから、どうしたって不愉快な出来事に遭遇することがあるし、理不尽なことを言われることもあります。

しかしどんなに嫌なことがあっても、心の中のムカムカした気持ちを持ち越さないように心がけていました。それを引きずったまま、次の接客サービスに移っては、関係ない人まで巻き込んでしまうことがあるからです。そうやって心のスイッチを素早く切り替えていた習慣が、今、後悔のない人生につながっているのかもしれません。

今年（平成二十四年）八十六歳を迎える私は、同窓会が年に何回もあります。

幼稚舎全体の社会人同窓会は年に一回あり、昔の先生も来られる。三カ月に一回開かれる幼老会は、幼稚舎から大学までずっと慶應だった七十歳以上の人が対象です。先日行われた会の最年長者は九十七歳でした。私はこうした同窓会に、できるかぎり出席するようにしています。

ただし昔と比べると、さすがに参加者の数は減りました。参加者数が減る一方で、偲《しの》ぶ会は増えています。私も後何回同窓会に来られるかな、と思う時もあります。

でもだからといって特別なことをするつもりはありません。食べたいものを食べ、会いたい人に会う。昔も今も、そしてこの先も、私は後悔しない人生を歩むだけです。

二〇一二年一月

犬丸一郎

犬丸一郎略年譜

一九二六（大正十五）年	三月十日　東京麴町生まれ。物心ついたころ、平河町に引っ越す。二歳上の千代子、一歳下の二郎の三人きょうだい。兄・太郎は早世
一九三〇（昭和五）年	四歳。雙葉女子尋常小学校付属幼稚園入園。御木本澄子同級（御木本真珠）。中六番町に引っ越す
一九三二（昭和七）年	六歳。慶應幼稚舎入学。石井大二郎、浅野五郎、観世寿夫と同級。一歳下に岡村清道（五代目清元栄寿太夫・六代目延寿太夫）
一九三七（昭和十二）年	十一歳。田園調布に引っ越す。隣に宮城家（淳、姉の黎子、明子）
一九三八（昭和十三）年	十二歳。慶應普通部に。一学年上に大橋節夫、笈田敏夫
一九四〇（昭和十五）年	十四歳。夏、父・徹三と旧満州を旅行（約三週間）
一九四三（昭和十八）年	十七歳。慶應大学経済学部予科に入学
一九四四（昭和十九）年	十八歳。勤労動員が始まり、板橋の陸軍造兵廠に。日吉校舎が海軍軍令部に接収、学校は事実上閉鎖
一九四五（昭和二十）年	十九歳 一月　徴兵検査甲種合格。板橋陸軍造兵廠で勤労動員 九月　ＧＨＱのマッカーサー元帥帝国ホテルへ。帝国ホテルの経理を

手伝う
十一月　モーリス中尉帝国ホテルに赴任

一九四六（昭和二十一）年
二十歳。志賀高原ホテル勤務

一九四七（昭和二十二）年
二十一歳。ラフェンスバーカー大尉の誘いで、富士ビューホテルに勤務

一九四八（昭和二十三）年
二十二歳。帰京

一九四九（昭和二十四）年
二十三歳
三月　帝国ホテル入社

一九五〇（昭和二十五）年
二十四歳
三月　慶應大学経済学部卒業
五月　サンフランシスコ市立大学入学のため、横浜港発の客船ジェネラル・ゴードン号でアメリカへ。マーク・ホプキンス・ホテルにて修業
九月　サンフランシスコ市立大学ホテル・レストラン科入学

一九五一（昭和二十六）年
二十五歳
三月　日本人プロ野球選手団、サンフランシスコ・シールズに招待される。夏休みに、ヨセミテ国立公園にあるワウォナ・リゾートホテルで石井大二郎とアルバイト

一九五二（昭和二十七）年

九月八日　サンフランシスコ講和条約締結。マーク・ホプキンス・ホテルに宿泊した全権団総勢四十名以上の世話役を務める。白洲次郎と知り合う。その後ニューヨーク州コーネル大学ホテル経営学部入学

二十六歳。ウォルドルフ・アストリア・ホテル勤務。森村衛がアパートへ。夏に、宮城淳もやって来て、時には三人暮らし

十月　藤原歌劇団訪米、藤原義江と再会。ギリシャ・アテネで開かれた国際ホテル協会総会に父・徹三の代理で出席。帰路、フランス、イタリア、スイス、ドイツ、ベルギー、イギリスと回り、日本郵船の秋田丸で翌年一月二十五日　神戸に帰国

一九五三（昭和二十八）年

二十七歳。帰国後、再び帝国ホテルで働き始める（帝国ホテルは一九五二年四月に接収解除になった）

六月「ガーデンバー」営業開始

八月　国鉄（現ＪＲ）の特急列車つばめ号で食堂車を始める

一九五四（昭和二十九）年

二十八歳

二月　マリリン・モンロー、ジョー・ディマジオ新婚旅行で来日

十一月二十五日　小林伊津子（富士写真フイルム専務・小林節太郎の長女）と帝国ホテルで結婚式

一九五五（昭和三十）年

二十九歳。「タキシード会」（永田雅一大映社長、河野一郎代議士が中

心）

一九五六（昭和三十一）年
三十歳。長男・徹郎誕生

一九五八（昭和三十三）年
三十二歳
八月「インペリアル・バイキング」オープン

一九五九（昭和三十四）年
三十三歳。帝国ホテル取締役就任。二男・治誕生

一九六〇（昭和三十五）年
三十四歳。夏　ローマ・オリンピックを村上信夫料理長と視察

一九六二（昭和三十七）年
三十六歳
十一月十日　帝国ホテル客室で殺人事件起きる

一九六三（昭和三十八）年
三十七歳
四月　アラン・ドロン初来日
五月二十四日　帝国ホテル内で集団赤痢発生。自主的に二週間営業を停止する

一九六四（昭和三十九）年
三十八歳
十月十日　東京オリンピック開催。帝国ホテルは国際オリンピック委員会（ＩＯＣ）の本部に

一九六五（昭和四十）年
三十九歳
二月「スイスフードフェスティバル」開催

一九六六（昭和四十一）年
四十歳

	三月一日　「シアターレストラン・インペリアル」にて第一回ディナーショーがスタート 八月　母・治子逝去
一九六七（昭和四十二）年	四十一歳 八月　交通事故で重傷を負う 十一月十五日　ライト館閉鎖
一九六八（昭和四十三）年	四十二歳。春　アメリカ出張（母校コーネル大学が開発したオンラインシステムや料理の急速冷凍・解凍技術を学ぶため）
一九七〇（昭和四十五）年	四十四歳 三月十日　帝国ホテル新本館開業 三月十一日　パン・アメリカン航空のジャンボ機が羽田に到着 三月十四日　大阪万博開幕（〜九月十三日） 十一月　犬丸徹三社長退任
一九七二（昭和四十七）年	四十六歳。家族向け企画「お正月プラン」開始。全国に案内所を設置
一九七四（昭和四十九）年	四十八歳 五月　小佐野賢治（国際興業社主）帝国ホテル取締役に 九月　欧州市場開拓のためフランス・パリに案内所を新設
一九七五（昭和五十）年	四十九歳

一九七六（昭和五十一）年	四月　迎賓館（旧赤坂離宮）を担当、ルーマニアのチャウシェスク大統領夫妻を接遇 五月　英国のエリザベス女王とフィリップ殿下を接遇
一九八〇（昭和五十五）年	五十歳 三月　帝国ホテルで暮らしていた藤原義江逝去（享年七十七） 五十四歳 十月　トーク番組「世界・話の泉」（ＴＢＳ系　～十二月）で司会を務める
一九八一（昭和五十六）年	五十五歳 三月「題名のない音楽会」（テレビ朝日系）に出演する
一九八三（昭和五十八）年	四月九日　父・犬丸徹三逝去（享年九十三）
一九八五（昭和六十）年	五十七歳。インペリアルタワー開業 五十九歳
一九八六（昭和六十一）年	六月　小佐野賢治帝国ホテル会長就任 六十歳。帝国ホテル社長就任 十月二十七日　小佐野賢治逝去（享年六十九）
一九九〇（平成二）年	六十四歳。帝国ホテル開業百周年
一九九三（平成五）年	六十七歳

一九九六（平成八）年	四月　バリインペリアルホテル（現ホテルインペリアルバリ）開業 七十歳。帝国ホテル大阪開業
一九九七（平成九）年	七十一歳 六月　帝国ホテル社長退任。帝国ホテル顧問就任
一九九九（平成十一）年	七十三歳。帝国ホテル顧問退任

参考文献

竹谷年子『帝国ホテルが教えてくれたこと　笑顔が幸せを運んでくれる』（大和出版）
村上信夫『帝国ホテル　厨房物語　私の履歴書』（日本経済新聞社）

犬丸一郎（いぬまる　いちろう）

一九二六年、東京麹町生まれ。帝国ホテル元社長、元顧問。慶應義塾大学経済学部卒業。四九年帝国ホテル入社、その後サンフランシスコ市立大学、ニューヨーク州コーネル大学に留学。マーク・ホプキンス・ホテル、ウォルドルフ・アストリア・ホテルに勤務後、五三年再び帝国ホテルに戻り、八六年社長就任。九九年顧問退任。勲二等瑞宝章ほかフランス、イタリア、ベルギー、フィンランド、ノルウェーより受章。著書に『軽井沢伝説』（講談社）など。

帝《てい》国《こく》ホテルの流《りゅう》儀《ぎ》

二〇一二年二月二二日　第一刷発行　　集英社新書〇六二九A

著者……犬丸一郎《いぬまるいちろう》

発行者……館　孝太郎

発行所……株式会社集英社

東京都千代田区一ツ橋二-五-一〇　郵便番号一〇一-八〇五〇

電話　〇三-三二三〇-六三九一（編集部）
〇三-三二三〇-六三九三（販売部）
〇三-三二三〇-六〇八〇（読者係）

装幀……原　研哉

印刷所……大日本印刷株式会社　凸版印刷株式会社

製本所……株式会社ブックアート

定価はカバーに表示してあります。

ISBN 978-4-08-720629-6 C0234

a pilot of wisdom

集英社新書　好評既刊

巨大災害の世紀を生き抜く
広瀬弘忠　0618-E

今までの常識はもう通用しない。複合災害から逃げ切るための行動指針を災害心理学の第一人者が検証する。

事実婚 新しい愛の形
渡辺淳一　0619-B

婚姻届を出さない結婚の形「事実婚」にスポットを当て、現代日本の愛と幸せを問い直す。著者初の新書。

グローバル恐慌の真相
中野剛志／柴山桂太　0620-A

深刻さを増す世界経済同時多発危機。この時代を日本が生き抜くには何が必要か。気鋭の二人の緊急対談。

フェルメール 静けさの謎を解く
藤田令伊　0621-F

世界中で愛されつづけるフェルメール作品の色彩や構図、光の描き方を検証。静けさの謎に迫る。

量子論で宇宙がわかる
マーカス・チャウン　0622-G

極小の世界を扱う量子論と極大の世界を扱う相対性理論。二つの理論を分かり易く紹介し、宇宙を論じる！

先端技術が応える！ 中高年の目の悩み
横井則彦　0623-I

目の違和感やドライアイ、白内障、結膜弛緩症など、気になる症状とその最新治療法を専門医が紹介する。

科学と宗教と死
加賀乙彦　0624-C

医師、作家、そして信仰の徒として人間の生と死に向き合い続けてきた著者。深くて温かい思索の集大成。

犠牲のシステム 福島・沖縄
高橋哲哉　0625-C

原発と沖縄を思想的な問題として論じた一冊。ベストセラー『靖国問題』の著者による待望の書き下ろし。

笑う、避難所〈ノンフィクション〉
頓所直人／写真・名越啓介　0626-N

石巻の勤労者余暇活用センター・明友館は認定を受けない自主避難所だった。避難民一三六人の闘いを記録。

ローマ人に学ぶ
本村凌二　0627-D

過酷な状況を打開しながら大帝国を築いたローマ人たちの史実を、古代ローマ史の第一人者が活写した一冊。